KB046310

카리스마적 지배

Charismatische Herrschaft,
Die Veralltäglichung des Charisma,
Die herrschaftsfremde Umdeutung des Charisma,
Die charismatische Herrschaft und ihre Umbildung

Max Weber

카리스마적 지배

Charismatische Herrschaft

막스 베버 지음

이상률 옮김

참 문예출판사

차례

일러두기

* 이 책은 막스 베버가 쓴 《경제와 사회Wirtschaft und Gesellschaft》(J.C.B.Mohr, Tübingen, 1985, 제5판)의 제1부 3장 〈지배의 유형〉의 4절 〈카리스마적 지배Charismatische Herrschaft〉, 5절 〈카리스마의 일상화Die Veralltäglichung des Charisma〉, 7절 〈지배와는 거리가 먼 방향으로의 카리스마의 새로운 해석Die herrschaftsfremde Umdeutung des Charisma〉, 제2부 9장 〈지배 사회학〉의 5절 〈카리스마적 지배와 그 변형Die charismatische Herrschaft und ihre Umbildung〉을 번역한 것이다.

* 옮긴이의 주는 모두 각주로 처리했다.

I . 카리스마적 지배

1. 카리스마적 지배, 그 특징과 공동체적 결합

카리스마Charisma란 한 개인의 비일상적인 것으로 (본래 예언자뿐만 아니라 치료사, 판관, 사냥 지휘자, 전쟁 영웅 등의 경우에도 주술에 의해 생겨난 것으로) 간주되는 자질을 말한다. 이 비일상적인 자질 때문에 그는 초자연적이거나 초인간적인 또는 적어도 특히 비일상적인―아무나 지닐 수 없는―능력이나 특성을 갖추었다고 평가받거나 아니면 신이 보냈다고 평가받으며, 또는 모범적이어서 **지도자**로 평가받는다. 물론 이때 문제의 자질이 윤리적인 관점, 심미적인 관점 또는 그 밖의 관점

- 〈Ⅰ. 카리스마적 지배〉의 원문은 다음과 같다. Max Weber, Charismatische Herrschaft, *Wirtschaft und Gesellschaft*, Tübingen, J.C.B. Mohr, 1972, pp. 140~142.

에서 **객관적으로** 올바르게 평가되는가는 개념상 전혀 중요하지 않다. 오로지 중요한 것은 그 개인이 카리스마에 복종하는 자들, 즉 **지지자들**로부터 실제로 어떻게 평가받는가이다.

'베르제르커'[1]의 카리스마(사람들은 그의 광기 발작을 특정한 독약 사용 탓으로 돌렸지만, 이는 분명히 잘못된 생각이다. 중세의 비잔티움[2]에서는 호전적인 광란성 카리스마가 있는 소수의 이 사람들을 일종의 전쟁 도구로 유지했다), '샤먼'의 카리스마(순수한 유형의 주술사에게는 간질과 비슷한 발작 가능성이 무아지경의 전제 조건으로 간주된다), 또는 예를 들면 모르몬교[3] 창시자의 카리스마(확실하지는 않지만, 어쩌면 그는 매우 세련된 유형의 사기꾼이었을지도 모른다), 또는 쿠르트 아이스너[4]처럼 자신의 선동 성공에 희생된 문필가의 카리스마 등 이 모든 유형의 카리스마를 가치 자유의 사회학은—통상적인 판단에 따르면—'가장 위대한' 영웅, 예언자, 구세주의 카리스마와 완전히 같은 종류로 다룰 것이다.

(1) 카리스마의 타당성을 결정하는 것은 복종자들에 의한 자유로운 **인정**인데, 이것은 **증명**—본래는 언제나 기적—에 의해서 확고해

---

1 베르제르커Berserker. 고대 북유럽 신화에서 곰의 가죽을 쓰고 싸우는 광폭한 전사.
2 비잔티움Byzanz. 오늘날 터키 이스탄불의 옛 이름.
3 모르몬교Mormonism. 1830년 미국 뉴욕주 맨체스터에서 조지프 스미스Joseph Smith(1805~1844)에 의해 설립된 종교로 정식 명칭은 '예수 그리스도 후기 성도 교회'이다. 미국 유타주 솔트레이크시티에 본부를 두고 있다. 신약과 구약성서 외에 '모르몬경'을 기본 경전으로 삼고 있으며, 술과 담배, 낙태와 도박 등을 금하는 금욕적인 교리를 설파한다.
4 쿠르트 아이스너Kurt Eisner(1867~1919). 독일의 공산주의자이자 저널리스트. 바이에른의 수도 뮌헨에서 반란(1918~1919)을 주도해 1918년 11월에는 바이에른 공화국의 초대 대통령이 되었다. 1919년 뮌헨에서 암살당했다.

지고 계시에의 헌신, 영웅 숭배, 지도자에 대한 신뢰에서 생겨난다. 그러나 이 인정은 (진정한 카리스마의 경우) 정당성의 **근거**가 아니다. 오히려 그것은 소명감과 증거가 있으니 이 자질을 인정하라고 호소하는 사람에게 복종하는 자들의 **의무**이다. 심리학적으로 볼 때 이 '인정'은 믿음이 두텁고 완전히 우호적인 헌신인데, 이러한 헌신은 열광이나 곤경 및 희망에서 생겨난다.

어떤 예언자도 자신의 자격이 그에 대한 대중의 생각에 달려 있다고 보지 않았다. 왕으로 선출된 자나 카리스마적인 장군은 자신에게 저항하는 자나 자신을 멀리하는 자를 의무 불이행자로 취급했다. 그러한 지도자의 군사 원정에 참여하지 않으면—충원이 공식적으로는 자발적으로 이루어지는 것일지라도—어디에서나 조롱받았다.

(2) 증명이 지속적으로 일어나지 않는다면, 카리스마라는 은총을 받은 자가 그의 신으로부터 버림받았거나 그의 주술 능력이나 영웅적인 능력을 잃어버린 것처럼 보인다면, 그가 지속적으로 실패한다면, 무엇보다도 **그의 지도력이 복종자들에게 복리를 가져다주지 못한다면**, 그의 카리스마적 권위는 사라질 가능성이 있다. 이것이 '왕권신수설'에서 말하는 카리스마의 진정한 의미이다.

고대 게르만족의 왕들에게조차 '경멸조로 거부하는 자'가 나타났다. 이런 일은 소위 원시민족에서 많이 있었다. 중국에서는 군주의 (세습 카리스마에 의해 바뀌지 않는) 카리스마 자격이 절대적으로 고정되어 있었다. 따라서 여하한 종류의 모든 재난(패전뿐만 아니라 가뭄, 홍수, 불길한 천문 현상 등)은 군주로 하여금 공개적으로 사과하고 경우에 따라서는 퇴위하게 했다. 그러한 일이 일어나면, 이것은 그가 하늘의 영靈

카리스마적 지배

11

이 요구한 (고전적으로 결정된) '덕성'의 카리스마를 갖지 못했다는 표시였다. 따라서 그는 정당한 '천자'가 아니었다.

(3) 카리스마적 지배에 복종하는 **추종자** 집단Gemeinde은 감정적으로 공동체적 결합에 기초해 있다. 카리스마를 지닌 수장의 **행정 직원**은 '관료들'이 아니며, 어쨌든 전문적으로 훈련받은 자가 아니다. 그는 신분 관점에 따라서도, 가계나 개인의 의존관계 관점에 따라서도 선발되지 않는다. 오히려 그는 그 자신의 카리스마 자질에 따라 선출된다. '예언자'에게는 '사도들'이 있고, '전쟁 제후'에게는 '수행원들'이 있으며, '지도자'에게는 일반적으로 '심복들'이 있다. '임명'이나 '파면', '경력', '승진'이 없다. 단지 지도자가 그의 카리스마 자격에 근거해서 영감에 따라 그들을 소집하는 일만 있을 뿐이다. '위계질서'도 없다. 지도자는 자신의 행정 직원이 주어진 임무—경우에 따라서는 사람들을 불러 모으는 일—에 적합한 카리스마 자질을 갖추지 못했다고 판단할 때에만 일반적으로 또는 개별 사례에 따라 개입할 뿐이다. '업무 영역'이나 '권한의 범위'가 없다. 그러나 '특권'으로 관직 권력을 독차지하는 것도 없다. 카리스마와 '사명'의 (아마도) 지역적인 한계나 기능적인 한계만 있을 것이다. '봉급'이나 '봉록'은 없다. 사도들이나 수행원들은 (처음에는) 후원자에게서 얻은 물자로 수장과 함께 사랑이나 동지 의식으로 공산주의 생활을 한다. 정해진 '관청'이 없다. 수장의 지시로 카리스마를 위임받았거나 스스로 카리스마를 갖춘 사자使者들만 있다. 규정도 추상적인 법규범도 없으며, 이 법규범에 따른 합리적인 재판도 없다. 전통적인 선례에 따른 판결이나 선고도 없다. 형식상으로는 경우에 따라 현실성이 있는 (본래는 신명재판과 계시에 불과한) 법

창조가 결정적이다. 그러나 실제로는 다음과 같은 구절이 모든 진정한 카리스마적 지배에 적용된다. "여기에 쓰여 있다. 그러나 나는 너희들에게 이렇게 말한다." 진정한 전쟁 제후나 모든 진정한 지도자와 마찬가지로 진정한 예언자는 일반적으로 **새로운** 계율을 (카리스마의 본래 의미에서의) 계시, 신탁, 영감에 의거해서, 또는 (그 유래 때문에 신앙 공동체, 방위 공동체, 당파 공동체나 그 밖의 공동체가 인정하는) 구체적인 형성 의지에 의거해서 포고하거나 만들 것을 요구한다. 인정은 의무적이다. 그러한 명령이 마찬가지로 카리스마적 타당성을 주장하는 다른 사람의 명령과 충돌한다면, 결국 주술 수단이나 공동체의 (**의무적인**) 인정에 의해서만 승부가 결정되는 지도자 투쟁이 있게 된다. 이 투쟁에서는 필연적으로 어느 한쪽만이 옳고, 다른 쪽은 옳지 않을 수밖에 없다. 따라서 이 다른 쪽은 속죄할 의무가 있다.

카리스마적 지배는 비일상적인 것으로서 합리적 지배, 특히 관료제 지배와 대비될 뿐만 아니라 전통적 지배, 특히 가부장제 지배나 가산제 또는 신분제 지배와도 첨예하게 대비된다. 합리적 지배와 전통적 지배는 둘 다 지배 특유의 **일상적인** 형태이며, (진정한) 카리스마적 지배는 이러한 형태와는 정반대다. 관료제 지배가 추론을 통해 분석할 수 있는 규칙에 얽매인다는 의미에서 특히 합리적이라면, 카리스마적 지배는 규칙과는 거리가 멀다는 의미에서 특히 비합리적이다. 전통적 지배는 과거의 선례에 얽매이는데, 이런 한에서는 마찬가지로 규칙을 따른다. 카리스마적 지배는 (그 영역 내에서) 과거를 뒤엎는다. 이런 의미에서 카리스마적 지배는 특히 혁명적이다. 카리스마적 지배는 수장이든 신분 권력자이든 간에 그가 재산 소유에 입각해서 지배

권력을 독차지하는 것을 인정하지 않는다. 카리스마적 지배가 정당한 것은 개인적인 카리스마가 증명에 의거해서 '유효하고'(즉 인정을 받고) 또 그런 한에서만이다. 그러므로 심복, 사도, 추종자를 '사용할 수 있는' 것은 그의 카리스마가 진짜임이 증명되는 기간뿐이다.

지금까지 말한 것은 더 이상 논할 필요가 거의 없을 것이다. 그것은 예언자나 전쟁 영웅뿐만 아니라 순전히 '국민투표에 의거한' 카리스마적 지배자에게도 해당된다(나폴레옹의 '천재의 지배'는 평민들을 왕이나 장군으로 만들었다).

(4) 순수한 카리스마는 특히 **경제와는 거리가 멀다**. 카리스마는 그것이 나타나는 경우에는 언제나 그 말을 강조하는 의미에서의 '소명', 즉 '사명'이나 내적인 '임무'로서의 '소명'을 확고히 한다. 순수한 유형의 카리스마는 자비로운 선물을 소득원으로 삼아 경제적으로 이용하는 것을 거부하거나 비난한다. 물론 이것은 사실이라기보다는 요구 사항인 경우가 더 많다. 그렇다고 해서 카리스마가 항상 소유와 영리 활동을 포기한 것은 아니다. 예언자와 그의 사도들은 사정에 따라서는 그렇게 했지만 말이다. 전쟁 영웅과 그의 추종자들은 전리품을 **추구한다**. 국민투표로 선출된 지배자나 카리스마가 있는 정당 지도자는 권력의 물질적인 수단을 추구한다. 게다가 전자는 자신의 지배 위세를 강화하기 위해 지배의 물질적인 광채를 추구한다. 그들 모두가 거부하는 것은—진짜 카리스마적인 유형이 존속하는 한—전통적이든 합리적이든 간에 **일상적인** 경제행위, 즉 지속적인 경제활동에 의한 정기적인 '수입' 획득이다. 한편으로는 후원—대규모 후원(증여, 기부, 뇌물, 사례금)—이나 동냥에 의한 부양, 다른 한편으로는 강제적이

거나 (형식상으로는) 평화적인 강탈이 카리스마적 지배의 전형적인 수요 충족 형태이다. 카리스마적 지배의 수요 충족은—**합리적인** 경제 행위 관점에서 보면—'비경제성'의 전형적인 힘이다. 왜냐하면 그것은 일상생활에 연루되는 것을 거부하기 때문이다. 그것은 완전히 냉담한 태도로 불연속적인 **임시** 영리 활동에 소위 '참여할' 수 있을 뿐이다. 경제에서 **해방된** 모습을 한 '이자 생활'이—많은 점에서—카리스마적 지배 생활의 경제적 기초가 될 수도 있다. 그러나 이것은 흔히 카리스마가 있는 보통의 '혁명가'에게는 통하지 않는다.

예수회 신자들의 교회 직책 거부는 이 '사도제' 원칙의 합리화된 적용이다. 모든 금욕 영웅, 탁발 수도회, 종교 투쟁가가 여기에 속한다는 것은 분명하다. 예언자들은 거의 모두 후원으로 생계를 유지했다. "일하지 않는 자는 먹지도 말라"라는 사도 바울[5]의 말은 선교사들의 기식寄食을 겨냥한 것인데, 당연히 그의 말은 결코 '경제행위'를 긍정하는 것이 아니라 단지 어떻게 해서든, 즉 '부업으로라도' 자신의 궁핍한 생계를 마련할 의무가 있다는 것을 의미할 뿐이다. 이는 그가 "들에 핀 나리꽃[백합화]들"[6]이라는 진실로 카리스마적인 비유는 문자 그대로 적용될 수 없고, 기껏 바랄 수 있는 것이 "내일 일을 걱정하지 말라는 것"[7]일 뿐이라는 점을 잘 알았기 때문이다. 반면에 우선 예술가

---

5 바울Paulus(10?~67?). 기독교 초기의 전도자.
6 "그리고 너희는 왜 옷 걱정을 하느냐? 들에 핀 나리꽃들이 어떻게 자라는지 지켜보아라. 그것들은 애쓰지 않고 길쌈도 하지 않는다 (…) 그러므로 너희는 무엇을 먹을까? 무엇을 마실까? 무엇을 차려입을까? 하며 걱정하지 마라."(〈마태복음〉, 제6장 28~31절)
7 "그러므로 내일을 걱정하지 마라. 내일 걱정은 내일이 할 것이다."(〈마태복음〉, 제6장 34절)

의 카리스마를 지닌 사도들에게서 생각할 수 있는 것은 본래의 의미에서 부름 받은 자를 '경제적으로 독립한 자'(따라서 이자 생활자)로 제한함으로써 경제 투쟁으로부터의 해방이 정상적인 것으로 간주된다는 사실이다(슈테판 게오르게[8] 서클의 경우 적어도 처음 의도는 그랬다).

(5) 전통에 얽매인 시대에는 카리스마가 그야말로 거대한 혁명적인 힘이다. 바로 외부에서 (즉 생활환경이나 생활 문제의 변화를 통해 또 간접적으로는 그런 것들에 대한 태도 변화를 통해) 작용하거나, 아니면 지성화를 통해 작용하는 것으로서 '이성'이라고 하는 마찬가지로 혁명적인 힘과는 달리, 카리스마는 내부로부터의 개조일 수 있다. 이 개조는 고난이나 열광에서 생겨났으며 각각의 생활 형식과 '세속' 일반에 대한 모든 태도를 완전히 쇄신하면서 주된 신념이나 태도의 방향을 바꾸는 것을 의미한다. 합리주의 이전 시대에는 전통과 카리스마가 행위의 지향 방향 전체를 거의 양분했다.

---

8 슈테판 게오르게Stefan George(1868~1933). 현대 독일 시의 원천을 만든 독일의 서정시인. 상징주의의 영향을 많이 받았다. 초기에는 반反자연주의적이고 예술지상주의적인 작품을 썼으나 만년에는 예언자적 경향을 나타냈다.

Ⅱ. 카리스마의 일상화*

1. 카리스마의 일상화와 그 영향

진정한 형태의 카리스마적 지배는 특히 **비일상적인** 성격을 지녔으며, 전적으로 개인과 연결된—즉 개인적인 자질의 카리스마 타당성이나 그 증거와 결합된—사회적 관계를 나타낸다. 그러나 이 사회적 관계가 순전히 일시적인 관계에 그치지 않고 **지속적인** 관계(신앙 동료, 전사, 사도 등 '추종자 집단', 당파 단체 또는 정치단체나 교권제 단체)의 성격을 취한다면, 카리스마적 지배는—이것은 소위 발생기 상태에서만 이념형으로 순수하게 존재했기 때문에—그 성격을 본질적으로 바꾸지

- 〈Ⅱ. 카리스마의 일상화〉의 원문은 다음과 같다. Max Weber, Die Veralltäglichung des Charisma, *Wirtschaft und Gesellschaft*, Tübingen, J.C.B.Mohr, 1972, pp. 142~148.

않을 수 없다. 그것은 전통화되거나 합리화(법률화)된다. 또는 여러 가지 점에서 이 둘 모두가 된다. 이러한 변화를 추진하는 동기는 다음과 같은 것들이다.

(a) 공동체를 영속시키거나 끊임없이 활성화하고자 하는 **지지자들**의—관념적인 또는 물질적이기도 한—이해 관심.

(b) 이보다 더 강력한 것으로서 **행정 직원**(추종자, 사도, 당파의 심복 등)의 다음과 같은 것에 대한 관념적 및 물질적 이해 관심. ① 카리스마적 지배 관계를 지속시키는 것. ② 이때 그 관계를 지속시켜서 자신의 지위를 관념적으로나 물질적으로나 지속적인 **일상**의 토대 위에 올려놓는 것. 이것은 외면적으로는 세상에서 벗어나 가족이나 경제와는 거리를 두는 '사명' 대신에 **가족** 생활이나 충만된 삶을 만들어내는 것을 뜻한다.

이러한 이해 관심은 특히 카리스마를 소유한 인물이 사라지고 그래서 **후계자** 문제가 생겨날 때 두드러지게 나타난다. 이 후계자 문제가 어떻게 해결되는가는—이 문제가 해결되어 카리스마 추종자 집단이 존속된다면(또는 **그때** 비로소 **생겨난다면**)—그때 생겨나는 사회적 관계의 성격 전체를 매우 본질적으로 결정한다.

후계자 문제는 다음과 같은 방식으로 해결될 수 있다.

(a) 카리스마 소유자로서 수장이 될 자격이 있는 사람을 일정한 특징에 따라 새로 **찾는 것**.

상당히 순수한 유형으로는 새로운 달라이라마를 찾는 것을 들 수 있다(신성神性의 화신이라는 특징에 따라 아이를 선발하는데, 이것은 아피스 황소[1]를 찾아내는 것과 아주 비슷하다).

이 경우 새로운 카리스마 소유자의 정당성은 일정한 **특징들**, 다시 말하면 전통이 생겨나는 규칙들과 관련되어 있다(전통화). 따라서 **순전히** 개인적인 성격은 줄어든다.

(b) **계시**, 즉 신탁, 추첨, 신명재판 또는 그 밖의 선발 기술로 후계자 문제가 해결될 수 있다. 이 경우 새로운 카리스마 소유자의 정당성은 선발 **기술**의 정당성에서 유래한 것이다(법률화).

이스라엘 판관들은 때때로 이러한 성격을 지녔다고 한다. 사울[2]은 이전의 전쟁 신탁에 따라 왕으로 선출되었다고 한다.

(c) 이제까지 카리스마를 지녀온 자 측에서의 후계자 지명과 추종자 집단 측에서의 인정에 의해 후계자 문제가 해결될 수 있다.

이것은 매우 흔한 형식이다. 본래 사법관직 신설은 전적으로 이러한 성격을 지녔다(이 성격은 독재관[3]직 신설과 공위空位 기간의 왕권 대행자interrex 제도에서 가장 분명하게 유지되었다).

이 경우의 정당성은 지명으로 **얻은** 정당성이다.

(d) 카리스마 소유자로부터 자격을 부여받은 행정 직원 측에서의 후계자 지명과 추종자 집단의 인정에 의해서 후계자 문제가 해결될

---

1 아피스Apis 황소. 고대 이집트의 신화에 나오는 신성한 소. 자연의 왕성한 생산력을 상징한다.

2 사울Saul. 구약성서 〈사무엘 상〉에 나오는 인물로 이스라엘 민족의 초대 왕(재위 기원전 1030~기원전 1010). 이스라엘 민족이 독립을 위해서 왕을 필요로 할 때 예언자 사무엘에 의해 추대되어 왕위에 올랐다.

3 독재관Diktator. 로마 초기 공화정 시대의 관직 이름. 외적의 침략 등 비상시에 국론을 일치시키고 신속하게 대처하기 위해 한 사람에게 모든 권한을 맡겨 위기를 극복하기 위한 임시직이었다.

수 있다. 이 과정의 진정한 의미를 결코 '선거' 또는 '예비선거권'이나 '추천권'으로 해석해서는 안 될 것이다. 그것은 자유 선출이 아니라 엄격하게 의무에 얽매인 선출이다. 그것은 다수결에 의한 결정이 아니라 **올바른** 지명, 다시 말하면 올바른 자, 실제적인 카리스마 소유자의 선출이다. 이 카리스마 소유자는 소수파라고 해도 적절하게 찾아낼 수 있었다. 만장일치는 요구 사항이며, 오류의 파악은 의무이다. 오류를 고집하는 것은 중대한 과오이며, '잘못된' 선택은 속죄해야 할 (원래는 주술적인) 잘못이다.

그럼에도 불구하고 정당성은 아마도 이런 경우―과정의 공정성을 유보하고 대부분의 경우 (대관식 등의) 일정한 수속 절차에 따른―권리 획득의 정당성인 것 같다.

바로 이것이 서양에서 추종자 집단의 동의를 얻어 성직자 계급이나 제후들에 의해 주교와 국왕이 서임된 것의 본래적인 의미이다. 이와 비슷한 현상은 전 세계에 걸쳐 대단히 많다. '선거' 사상이 여기에서 **생겨났다는** 것은 나중에 논할 것이다.

(e) 카리스마가 **혈통상의** 자질이며 따라서 카리스마 소유자의 씨족, 특히 가장 가까운 친족은 그것을 지녔다는 생각으로 후계자 문제가 해결될 수 있다. 이것이 곧 **세습 카리스마**이다. 이 경우 세습 **질서**는 독차지한 권리의 질서와 반드시 똑같지는 않고 이질적인 경우도 종종 있다. 또는 위에서 언급한 (a)에서 (d)까지의 방법을 이용해 씨족 내에서 '올바른' 후계자를 정해야 한다.

아프리카 흑인 국가에서는 형제간에 결투를 벌여야 하는 경우가 있다. 또한 중국에서는 조상의 영靈과의 관계를 교란시키지 않는 식으로 승계 질서가 지켜져야 한다(바로 다음 세대). 근동에서는 연장자 우선이냐 아니면 추종자들에 의한 지명이냐 하는 갈등이 매우 자주 있었다(따라서 오스만제국[4]의 궁정에서는 후계자가 될 가능성이 있는 다른 사람은 모두 죽여 없애버릴 '의무'가 있었다).

중세 서양과 일본에서만 권력의 장자상속권이 분명한 원칙으로 자리를 잡았을 뿐 다른 곳에서는 간헐적으로만 실시되었다. 그렇게 해서 장자상속 원칙은 정치집단의 안정화(세습 카리스마가 세습되는 씨족에서 여러 왕위 계승 요구자들 간의 투쟁을 방지하는 것)를 크게 촉진시켰다.

세습 카리스마의 경우 믿음은 더 이상 개인의 카리스마 자격을 향하지 않고, 세습 질서에 따른 정당한 획득을 향한다(이것은 전통화 방향으로 진행될 수도 있고 법률화 방향으로 진행될 수도 있다). '왕권신수설' 개념의 의미가 완전히 바뀐다. 그 개념은 이제 자신의―즉 **복종자들**의 인정에 의존하지 않는―권리에 따른 수장을 의미한다. 개인적인 카리스마는 완전히 없을 수 있다.

세습군주제, 아시아의 수많은 세습 성직자 집단, 봉토나 봉록을 받는 신분이나 자격의 특징으로서 씨족의 세습 카리스마는 여기에 속한다.

(f) 카리스마가 의식儀式 수단을 통해 한 소유자 측에서 다른 소유자에게로 전해지거나 만들어질 수 있는 (본래는 주술적인) 자질이라는 관념에 의해서 후계자 문제가 해결될 수 있다. 이것은 카리스마의 객

---

4 오스만Osman제국. 오토만제국이라고도 하며, 14세기부터 터키공화국이 수립될 때까지 발전했던 나라이다.

관화, 특히 **직위 카리스마**이다. 이 경우 정당성에 대한 믿음은 더 이상 개인이 아니라 획득한 자격이나 의식 행위의 효력을 향한다.

　가장 중요한 예는 도유식塗油式이나 서품식 또는 안수식에 의해 전해지거나 확증된 사제의 카리스마, 도유식과 대관식에 의해 전해지거나 확증된 왕의 카리스마이다. 인호印號[5]는 직위 카리스마 자격이 사제라는 인물의 자질에서 벗어났다는 것을 의미한다. 바로 그렇기 때문에 도나투스파[6]나 몬타누스파[7]부터 청교도(재세례파[8]) 혁명에 이르기까지 인호는 끊임없는 투쟁의 원인이었다(퀘이커교[9] 신도의 '고용인'은 **직위** 카리스마를 지닌 설교자이다).

5　인호character indelebilis. 세례, 견진, 성품 성사를 받은 신자에게 새겨지는 지워지지 않는 영적 표시. 하느님의 선택과 부름은 결코 취소될 수 없다는 것을 나타내는 표징이다.

6　도나투스파Donatismus. 로마의 아프리카 속주에서 4~5세기에 번성했던 기독교 교파. 분파주의로 유명하다.

7　몬타누스파Montanismus. 157년경에 열광적인 종말론자 몬타누스(?~170)가 시작한 종교 운동에서 비롯된 기독교의 이단 종파.

8　유아 세례를 인정하지 않고 다시 세례를 베풀었다고 해서 이름 붙여진 교파. 재세례파는 가톨릭 교회나 루터 교회, 스위스의 개혁 교회들로부터 박해를 받았다.

9　퀘이커교Quakers. 17세기 중반 영국의 조지 폭스George Fox(1624~1691)가 일으킨 프로테스탄트의 한 종파. 이들은 성직자 또는 기존 교회가 지닌 형식이 없어도 하느님을 내적으로 깨달을 수 있다고 주장했다.

2. 카리스마의 일상화와 그 영향(계속)

카리스마의 일상화에 대한 **행정 직원**의 이해 관심은 후계자 충원이라는 동기에서 이루어지는 카리스마의 일상화와 병행 관계에 있다. 발생기 상태에서만, 그리고 카리스마를 지닌 수장이 진짜 비일상적으로 지배하는 한, 행정 직원은 믿음과 열광으로 인정받은 이 수장과 함께―후원을 받거나 약탈품으로 또는 임시 수입으로―살 수 있다. 소수의 열광적인 사도들과 추종자들만이 지속적으로 그렇게 할 용의가 있다. 즉 그들만이 자신들의 '소명'에 대해서 순전히 '이념적으로' 자신들의 삶을 바친다. 다수의 사도들과 추종자들은 (지속적으로는) **물질적으로도** '천직'으로 생계를 꾸려나가려고 한다. 또 그들이 사라지지 않으려면 그렇게 할 수밖에 없다.

따라서 카리스마의 일상화도

(1) 추종자들이나 사도들이 지배 권력과 이득 기회를 **독차지하며** 그들의 충원을 **조절하는** 형태로 이루어진다.

(2) (합리적인 규약이 있는가 없는가에 따른) 이 전통화나 법률화는 여러 가지 전형적인 형태를 취할 수 있다.

① 진정한 충원 방식은 개인적인 카리스마에 따른 충원 방식이다. 그렇지만 일상화가 진행되는 경우 추종자들이나 사도들은 충원 **기준**을 세울 수 있다. 특히

(a) 교육 기준

(b) 시험 기준.

카리스마는 '일깨워지는 것' 또는 '시험받는 것'일 뿐이며, '배우는

것'이거나 '명심시키는 것'이 아니다. 모든 종류의 주술적 금욕(주술사 금욕, 영웅 금욕)과 모든 **수련기**는 행정 직원 집단의 **배제**라는 이 범주에 속한다(카리스마 교육에 대해서는 《경제와 사회》 4장[10]을 보라). 시험을 거친 수련자만이 지배 권력에 접근할 수 있다. **진정한** 카리스마를 지닌 지도자는 이러한 요구에 성공적으로 대처할 수 있다. 그렇지만 후계자, 적어도 행정 직원에 의해 선출된 후계자는 그렇게 할 수 없다.

입회식이 있으며 연령집단으로 구성된 '남자의 집'에서의 모든 주술사적 금욕과 전사적 금욕은 여기에 속한다. 전사로서의 시련을 견디지 못한 자는 '여자'로 취급되어 추종자 집단에서 배제된다.

② 카리스마의 기준은 전통 **신분** (세습 카리스마) 기준으로 바뀔 수 있다. 지도자의 세습 카리스마가 통용된다면, 행정 직원이나 경우에 따라서는 지지자들의 세습 카리스마조차 선발 및 배치의 기준이 되기 쉽다. 정치단체가 이 세습 카리스마 원칙에 엄격하게 또 완전히 사로잡히면, 즉 지배 권력, 봉토, 봉록, 갖가지 종류의 영리 기회의 모든 전유가 이 원칙에 따라 이루어진다면, '족벌 국가Geschlechterstaat'의 전형이 존재하게 된다. 모든 권력과 모든 종류의 기회가 전통화된다. 씨족장들(따라서 개인적으로 카리스마에 의해 정당화되지 않는 전통적인 장로나 가부장)이 권력의 행사를 조절하며, 이러한 권력 행사는 그 씨족에게서 빼앗을 수 없다. 지위의 종류가 개인이나 그의 씨족의 '서열'을 결정하지 않는다. 오히려 세습 카리스마의 **씨족** 서열이 그가 **지닐** 지위를 결

---

10 Max Weber, Stände und Klassen, *Wirtschaft und Gesellschaft*, Tübingen, J.C.B.Mohr, 1972.

정한다.

주요한 예로 관료제화 이전의 일본, 합리화 이전 부분 국가의 중국('오래된 가문들')도 의심할 바 없이 상당한 정도로 이런 식이었다. 카스트제도하의 인도, 위계제 실시 이전의 러시아와 또 다른 형태로서 그 이후의 러시아, 마찬가지로 고정된 특권을 지닌 모든 '출생 신분 집단'은 어디에서나 똑같다.

③ 행정 직원은 그 구성원들을 위해 개인적인 지위나 영리 기회의 창출과 전유를 요구하거나 달성할 수 있다. 이 경우 전통화를 따르느냐 법률화를 따르느냐에 따라

(a) 봉록(성직록화)

(b) 관직(가산제家産制화와 관료제화)

(c) 봉토(봉건제화)가 각각 생겨난다. 이 소득원들은 전유 대상이 되어 후원 물자나 전리품에 의한 불안정한 공급을 일상적인 경제구조로 대신한다. 더 자세하게 살펴보면

(a)의 경우에는 동냥 봉록, 현물지대 봉록, 화폐 조세 봉록, 수수료 봉록이 있다. 이것들은 순수한 후원금이나 순수한 전리품의 공급이라는 처음 방식을 합리적인 재정 조직에 따라 정규화한 것이다.

정규화된 동냥은 불교에서, 현물지대 봉록은 중국와 일본의 '쌀 지대'에서 찾아볼 수 있다. 화폐 조세 봉록은 모든 합리화된 정복 국가에서 통상적인 일이었다. 수수료 봉록의 개별 사례는 어디에서나 많이 찾아볼 수 있다. 특히 성직자와 기사의 경우가 그렇다. 그러나 인도에서는 군사 권력도 그 예이다.

(b)의 경우 카리스마적인 임무가 '관직으로 바뀌는 것'은 가산제화

성격을 더 많이 띨 수도 있고 관료제화 성격을 더 많이 띨 수도 있다. 전자는 아주 흔한 일이다. 후자는 고대와 서양 근세에서 찾아볼 수 있으며, 다른 곳에서는 드물고 예외적으로 존재한다.

(c)의 경우에는 ① 토지만 봉토로서 전유되고, 지위 자체는 본래의 카리스마적인 성격을 유지한다. ② 지배 권력은 봉토로서 완전히 전유된다.

이 둘은 분리하기 어렵다. 그렇지만 지위의 카리스마 성격에 대한 관심은 아주 쉽게 사라지지 않는다. 중세에도 그러했다.

3. 카리스마의 일상화와 그 영향(계속)

일상화의 전제는 카리스마의 성격, 즉 경제와는 거리가 먼 성격을 없애는 것이다. 달리 말하면 카리스마가 수요를 국고 수입(재정)으로 충족시키는 형태에 적응하면서 이와 함께 조세와 공물의 징수에 필요한 경제 조건에도 적응하는 것이다. 카리스마 소유자가 녹을 받는 성직자가 되면, '평신도들'은 '성직자'—즉 카리스마가 있지만 이제는 일상화된 행정 직원의 ('지분'이 있는) 구성원(발생하는 '교회'의 사제)—와 분화된다. 이와 마찬가지로 '조세 납부 의무가 있는 신민'은 봉신, 성직록 수령자, 발생하는 정치단체(합리적인 경우에는 국가)의 관료 또는—지금은 '심복' 대신 임명된—당 관료들과 분화된다.

이것은 불교나 힌두교 종파에서 전형적으로 관찰할 수 있다(《종교사회학*Religionssoziologie*》을 보라). 지속적인 조직으로 합리화된 모든 정복

국가에서도 관찰할 수 있다. 정당이나 처음에는 순전히 카리스마적이었던 다른 조직에서도 마찬가지다.

그러므로 일상화가 이루어지면서 카리스마적 지배 단체는 점점 더 일상적인 지배 형태(가산제 형태, 특히 신분제 형태 또는 관료제 형태)로 **발전한다**. 처음의 특별한 성격은 전유에 가담한 자들(즉 수장과 행정 직원)의—세습 카리스마적이든 직위 카리스마적이든 간에—신분 **명예**에서, 말하자면 지배 **위세**라는 방식에서 표현된다. '신의 은총을 받은' 세습 군주는 단순한 가산제 수장, 즉 가부장이나 족장이 아니다. 봉신은 가신이나 관료가 아니다. 더 자세한 것은 '신분 집단'에 대한 논의에 속한다.

일상화는 보통 투쟁 없이는 이루어지지 **않는다**. 처음에는 수장의 카리스마에 대한 **개인적인** 요구가 사라지지 않았다. 직위 카리스마나 세습 카리스마와 개인 카리스마 간의 투쟁은 역사에서 나타나는 하나의 전형적인 과정이다.

(1) 면죄권(죽을죄에서 면제시켜 주는 것)은 개인적인 순교자나 금욕자에게만 있는 지배 권력에서 주교나 사제의 직위 권력으로 변형된 것인데, 이 변형은 로마의 직위 개념의 영향하에 있었던 서양보다 동양에서 **훨씬** 더 느리게 이루어졌다. 세습 카리스마 권력이나 직위 권력에 대한 카리스마 지도자의 혁명은 국가에서 (현재에는!) 노동조합에 이르기까지 모든 단체에서 찾아볼 수 있다. 그러나 화폐경제의 경제 간 의존성이 발전할수록, 지지자들의 일상적인 욕구에 대한 압력은 점점 더 강해진다. 그 결과 어디에서나 작용한 일상화 경향은 일반적으로 빠르게 승리를 거두었다. 카리스마는 종교적(예언자적) 지배나

정치적 (정복에 의한) 지배의 전형적인 **시작** 현상이다. 그러나 지배가 확립되자마자, 특히 지배가 다수의 사람들에 대한 지배 성격을 취하게 되자마자, 카리스마는 일상의 힘에 굴복한다.

(2) 물론 카리스마의 일상화를 추진하는 동기는 모든 경우에서 안전의 추구이다. 즉 수장의 사회적 지위를 정당화하면서 그의 사도들과 지지자들을 위한 경제적 기회를 정당화하는 것이다. 그렇지만 또 하나의 동기는 질서와 행정 직원이 행정의 일상적인 요구나 조건에 적응하지 않으면 안 된다는 객관적인 필요성이다. 특히 행정이나 사법의 전통을 떠받치는 근거는 그것에 속한다. 이는 행정 직원과 복종자들이 그 근거를 필요로 하는 것과 같다. 게다가 행정 직원이라는 구성원들에게서의 지위 질서도 또 하나의 동기이다. 마지막으로는 무엇보다도―이에 대해서는 나중에 따로 말하겠지만―행정 직원과 모든 행정 조치가 일상적인 **경제** 조건에 적응할 필요성도 또 하나의 동기이다. 전사나 예언자가 지닌 카리스마 단계에서 볼 수 있는 것처럼 약탈품, 군세, 증여, 후원금에 의한 비용 충족은 지속적인 일상 행정의 기초가 될 수 없을 것이다.

(3) 따라서 일상화는 후계자 문제에 의해서만 해결되지 않는다. 일상화는 결코 이것하고만 관계가 있는 것이 아니다. 오히려 카리스마적 지배의 행정 직원과 행정 원리에서 일상적인 행정 직원과 행정 원리로의 이행이 주요 문제이다. 그러나 후계자 문제는 카리스마의 핵심(즉 수장 자신과 그의 정당성)의 일상화와 관계가 있다. 후계자 문제는 전통적이거나 합법적인 질서 및 행정 직원으로의 이행이라는 문제와는 반대로, 이러한 과정으로만 이해할 수 있는 독특하면서도 특징적

인 개념을 나타낸다. 이러한 개념 중 가장 중요한 것은 카리스마적 지배의 후계자 지명과 세습 카리스마이다.

(4) 카리스마를 지닌 수장 자신에 의한 후계자 지명에서 역사적으로 가장 중요한 예는 이미 언급한 것처럼 로마의 사례이다. 국왕rex의 경우에는 후계자 지명이 전통에 의해 유지되었으며, 역사시대에는 독재관, 공동 통치자, 초기의 후계자 제정 임명의 경우도 그러했다. 모든 상급 관료들에게 명령권[법 집행권]이 부여된 방식을 살펴보면, 이들도 역시—시민 군대에 의한 인정이라는 조건하에서만—총사령관에 의해 후계자로 지명되었다는 사실이 분명하게 드러난다. 왜냐하면 후보자들이 현직 정무관에게 심사를 받았고 또 처음에는 공공연하게 그에 의해 제멋대로 쫓겨났다는 사실이 그 발전의 성질이 어떤 것이었는지를 분명하게 보여주기 때문이다.

(5) 카리스마 추종자들에 의한 후계자 지명에서 가장 중요한 예들은 주교의 임명, 특히—처음에는—성직자 측에서의 지명과 평신도 집단 측에서의 승인을 통한 교황 임명이며, 또한 (슈투츠[11]가 추측한 것처럼) 주교 임명의 예에 따라 나중에 바뀐 독일 왕의 선출, 즉 몇몇 제후에 의한 지명과 (전투력이 있는) '인민'의 승인이다. 이와 비슷한 형태들은 매우 자주 찾아볼 수 있다.

(6) 세습 카리스마의 발전에서 고전적인 나라는 인도였다. 직업상의 모든 자격, 특히 모든 권위 있는 자격과 지배 지위가 그곳에서는 세습 카리스마와 밀접하게 연관된 것으로 여겨졌다. 지배권에 따른

---

11 울리히 슈투츠Ulrich Stutz(1868~1938). 독일의 교회법 학자이자 법제사가.

봉토 요구권은 왕족에 속하는 사람들에게만 있었으며, 씨족의 최연장자는 봉토를 신청했다. 대단히 중요하며 영향력이 큰 구루Guru(영혼의 지도자) 지위를 포함한 모든 교권제의 직위 지위, 흩어져 있는 고객과의 모든 관계, 촌락 제도 안의 모든 지위(사제, 이발사, 세탁부, 경비원 등)는 세습 카리스마와 관련된 것으로 여겨졌다. 한 종파의 창시는 세습 위계질서의 창시를 의미했다(중국의 도교도 그러했다). '족벌 국가' 일본(중국을 모범으로 삼아 도입한 가산제 관료 국가 이전의 일본, 그 후에는 봉록제화와 봉건제화로 나아갔다)에서도 사회는 순전히 세습 카리스마에 따라 조직되었다(이에 대해 더 자세한 것은 다른 문맥에서 논할 것이다).

지배 지위에 대한 이 세습 카리스마에 따른 권리는 전 세계에 걸쳐 비슷하게 발전했다. 개인 업적에 따른 자격 부여가 혈통에 따른 자격 부여로 대체되었다. 이러한 현상은 어디에서나 출생 신분 발전의 기초가 되었다. 그것은 로마의 귀족 계급에서도, 타키투스[12]에 따르면 게르만족에서의 '왕족stirps regia' 개념에서도, 중세 후기의 마상 무술 경기 규칙이나 종교 재단 회원 자격을 정한 규칙에서도, 미국의 신흥 귀족에 대한 최근의 가계 연구에서도, 그리고 대체로 '신분' 분화(이에 대해서는 아래를 보라)가 상당히 일어난 곳에서는 어디에서나 볼 수 있는 현상이다.

경제와의 관계: 카리스마의 일상화는 매우 본질적인 점에서 경제

---

12 푸블리우스 코르넬리우스 타키투스Publius Cornelius Tacitus(55?~117?). 로마 시대의 역사가이자 정치가. 제정을 비판한 사서를 저술했다. 주요 저서로는 《역사》, 《게르마니아》 등이 있다.

조건에의 적응과 일치한다. 경제 조건은 지속적으로 작용하는 일상적인 힘이기 때문이다. 이 점에서 경제의 역할은 이끌어가는 것이지 이끌려가는 것이 아니다. 이 경우 세습 카리스마나 직위 카리스마로의 변형은 처분 권력이나 새로 획득한 처분 권력을 정당화하는 수단으로 크게 작용한다. 특히 세습군주제의 고수는—확실히 결코 무시할 수 없는 충성 이데올로기 외에도—다음과 같은 고려에도 매우 크게 영향을 받았다. 왕위 세습의 신성성에 대한 내면적인 애착이 사라지면, 세습 재산과 정당하게 획득한 재산이 모두 충격을 받는다는 고려가 그것이다. 따라서 세습군주제의 고수가 예를 들면 프롤레타리아보다 유산 계층에게 더 잘 어울리는 것은 우연이 아니다.

게다가 경제에 대한 여러 적응 가능성의 관계에 대해서 아주 일반적인 것(이와 동시에 객관적으로 내용이 있고 가치가 있는 것)은 아마도 말할 수 없을 것이다. 이 점은 별도로 고찰하기 위해 남겨두어야 한다. 봉록제화와 봉건제화 그리고 모든 종류의 기회를 세습 카리스마가 독차지하는 것은 가산제나 관료제의 시작 상태에서 발전했든 카리스마에서 발전했든 간에 **모든** 경우에서 도로 경제를 정체화시키는 효과를 미칠 수 있다. 카리스마의 힘은 보통은 경제적으로도 강력하게 혁명적이다(처음에는 종종 파괴적이다). 카리스마의 힘이 (아마도) 새롭고 '전제 조건 없이' 방향을 잡기 때문일 것이다. 그렇지만 그 다음에는 그 힘이 처음의 작용과는 반대 방향으로 나아간다.

(카리스마) 혁명의 경제학에 대해서는 나중에 따로 말할 것이다. 그것은 아주 다른 문제이다.

Ⅲ. 지배와는 거리가 먼 방향으로의 카리스마의 새로운 해석

1. 지배와는 거리가 먼 방향으로의 카리스마의 새로운 해석

카리스마의 정당성 원리가 처음에는 권위주의 의미를 지닌 것으로 해석되었지만, 이제는 반反권위주의 의미를 지닌 것으로 새롭게 해석될 수 있다. 왜냐하면 카리스마적 권위의 실제적인 정당성은 사실—'증명'에 의해 이루어진—복종자들의 **인정**에 전적으로 근거하기 때문이다. 이 인정은 물론 카리스마로 자격을 얻은 사람, **따라서** 정당한 사람에 대한 **의무에 해당한다**. 그렇지만 조직 내의 관계가 점점

• 〈Ⅲ. 지배와는 거리가 먼 방향으로의 카리스마의 새로운 해석〉의 원문은 다음과 같다. Max Weber, Die herrschaftsfremde Umdeutung des Charisma, *Wirtschaft und Gesellschaft*, Tübingen, J.C.B.Mohr, 1972, pp. 155~158.

더 합리화됨에 따라서, 이 인정은 정당성의 결과로 간주되지 않고 정당성의 근거로 간주되며(민주적인 정당성), 아울러 (어쩌면 있을지도 모를) 행정 직원에 의한 지명은 '예비선거'로, 전임자에 의한 지명은 '추천'으로, 추종자 집단 자체의 인정은 '선거'로 인정하는 것이 마땅하다.

그렇다면 자신의 카리스마 힘으로 정당한 수장이 된 자는 복종자들 덕분에 수장이 된 것이다. 이 복종자들이 (형식적으로는) 자유의사에 따라 그를 선출해 임명하고, 경우에 따라서는 몰아내기도 하기 때문이다. 이것은 카리스마의 상실이나 그 증명의 상실이 진정한 정당성의 상실을 초래한 것과 똑같다. 이제는 수장도 **자유롭게 선출된 지도자**이다. 그러므로 추종자 집단이 카리스마적인 법적 지시를 **인정**하면, 이 인정 역시 마찬가지로 그 집단이 개별적인 경우에도 법을 마음대로 제정하고 인정하거나 폐지할 수 있다는 관념으로 발전한다. 반면에 진정한 카리스마적 지배에서는 '올바른' 법에 대한 논쟁이 사실상 종종 추종자 집단의 판단에 의해 해결되는데, 이 판단은 단 하나의 올바른 결정만 있고 이러한 결정에 도달하는 것이 의무라는 심리적인 압박감에서 이루어진다. 이렇게 해서 법을 다루는 태도는 **합법성** 관념에 접근한다. 가장 중요한 과도기 유형은 **국민투표에 의한 지배**다. 이 유형의 예는 대부분 근대국가의 '정당 지도자'이다. 그러나 수장은 자신이 대중의 신임을 받는 자로서 정당성이 있다고 느끼며 또 그러한 자로 인정받는 곳이면 어디에서나 국민투표에 의한 지배가 존재한다. 이렇게 하는 데 적합한 수단이 국민투표이다. 두 나폴레옹의 고전적인 예에서는 국가권력을 폭력으로 장악한 **다음** 이 수단이 사용되었다. 나폴레옹 3세는 위세를 잃어버린 다음에도 이 수단에 의지했다.

(이 경우에는) 그 현실 가치를 어떻게 평가하든 상관없이, 국민투표는 어쨌든 **형식적으로는 복종자들**의 (형식적인 것에 불과하거나 허구적인 것이든) 자유로운 신임에서 지배의 정당성을 이끌어내는 특수한 수단이었다.

'선거' 원칙이 일단—카리스마의 새로운 해석에 의해—수장에게 적용되면, 그것은 행정 직원에게도 적용될 수 있다. 선출 **관료**들이 정당한 것은 복종자들의 신임 덕분이다. 따라서 선출 관료들은 복종자들의 불신 표명으로 소환될 수 있는데, 이 선출 관료들은 특정한 종류의 '민주주의국가'—예를 들면 미국—에서 전형적이다. 그들은 **결코** '관료제'의 인물이 **아니다**. 그들의 '지위'는 독립적으로 정당성이 있기 때문에 위계질서에 강하게 통합되어 있지 않다. 그들의 승진과 배치는 '상사들'의 영향력에서 벗어나 있다(이와 비슷한 현상은 예를 들면 달라이라마와 타시라마[1] 사이에 존재하는 것처럼 질적으로 특수화된 여러 카리스마적 구조의 경우에서 볼 수 있다). 그들로 구성된 행정은 관료제식으로 **임명된** 관료들의 행정보다 '정밀기계'로서는 기술적으로 훨씬 뒤떨어진다.

(1) '국민투표에 의거한 민주주의'—지도자 민주주의의 가장 중요한 유형—는 그 진정한 의미에 따르면 일종의 카리스마적 지배이다. 이 지배는 복종자들의 의지에서 유래하고 이 의지에 의해서만 존속되는 정당성의 **형식** 속에 숨겨져 있다. 지도자(선동 정치가)는 사실상 그의 **인격** 자체에 대한 정치적 추종자들의 충성과 신뢰에 의거해

---

1 타시라마Taschi Lama. 판첸라마라고도 한다. 달라이라마의 뒤를 잇는 티베트 불교의 2인자로 달라이라마와 마찬가지로 환생에 의해 후계자가 결정된다.

서 지배한다. 지도자는 처음에는 그를 위해 모집된 지지자들을 지배하지만, 나중에는—이 지지자들이 그에게 지배권을 마련해줄 경우에는—단체 내부에서 지배한다. 고대와 근대에 일어난 혁명들의 독재자가 이 유형을 제시한다. 고대 그리스의 폭군이자 선동 정치가인 아이심네트,[2] 로마에서는 그라쿠스[3]와 그의 후계자, 이탈리아의 도시국가에서는 총독과 시장(독일의 유형은 취리히의 민주적 독재자), 근대국가에서는 크롬웰의 독재, 프랑스에서는 혁명적인 권력 소유자와 국민투표의 제정帝政. 대체로 이러한 지배 형태의 정당성을 얻으려고 애쓴곳에서는 언제나 그 정당성을 주권 국민에 의한 국민투표의 승인에서 찾았다. 지도자의 개인적인 행정 직원은 재능 있는 평민에서 카리스마적인 형태로 충원되었다(크롬웰의 경우에는 종교 자격이 고려되었다. 로베스피에르의 경우에는 개인적인 신임 외에도 어떤 '윤리적인' 자격이 고려되었다. 나폴레옹의 경우에는 개인의 재능과 이것이 제왕적인 '천재의 지배'라는 목적에 사용될 수 있는가만이 고려되었다). 혁명 당시 독재의 절정기에는 이행정 직원이 언제라도 취소될 수 있는 순수한 임시 위임에 의거한 행정 성격을 지녔다(공안위원회[4] 시대의 대리 기관에 의한 행정이 그러했다). 또한 미국 도시에서 개혁 운동으로 출세한 지방자치단체 독재자들도

---

2 아이심네트Aisymnet. 고대 그리스 도시국가의 중재 재판관. 때로는 폭군과 구분할 수 없을 정도로 막강한 권력을 휘둘렀다.
3 티베리우스 셈프로니우스 그라쿠스Tiberius Sempronius Gracchus(기원전 169~기원전 133). 로마공화정 말기의 정치가. 평민들을 위한 개혁 정책을 추진한 인물로 평가받는다.
4 공안위원회는 대혁명기의 프랑스에 1793년 4월 7일부터 1795년 11월 4일까지 존재한 통치 기구로 1794년 7월 27일까지는 사실상 혁명정부 역할을 했다.

그들의 보조 세력을 스스로 자유롭게 임명할 수 있게 되었다. 전통적인 정통성은 형식적인 합법성과 마찬가지로 혁명적인 독재에 의해 똑같이 무시된다. 가부장제 지배는 실질적인 정의의 근거, 공리적인 목적이나 국가 이익에 따라 사법과 행정을 처리하는데, 이와 비슷한 적절한 예는 혁명재판소[5]뿐만 아니라 고대 및 근대 사회주의에서 급진 민주주의의 실질적인 정의에 대한 요청에서도 찾아볼 수 있다(이에 대해서는 《법 사회학 *Rechtssoziologie*》에서 다룰 것이다). 혁명적인 카리스마의 일상화는 이에 상응하는 그 밖의 과정이 드러내는 것과 비슷한 변화를 나타낸다. 신앙 전사의 자발성 원리의 잔재로서 영국의 직업 군대가 그랬으며, 혁명적인 국민투표 독재인 카리스마적 행정의 잔재로서 프랑스의 지사 제도가 그랬다.

(2) **관료가 선거로 선출된다는 것**은 어디에서나 카리스마를 지닌 지도자의 지배 지위가 복종자들의 '공복'으로 근본적으로 새롭게 해석된다는 것을 의미한다. 기술적으로 합리적인 관료제 안에서는 선거로 선출된 관료는 설 자리가 없다. 왜냐하면 그는 '상사'에 의해 임명되지 않았으므로 (즉 그는 승진 기회에서 상사에게 의존하지 않고 오히려 복종자들의 호의 덕분에 그 지위를 얻었으므로) 상사의 동의를 얻으려고 신속하게 규율을 준수하는 것에 대해서는 관심이 적기 때문이다. 따라서 그는 '자율적으로 대표를 갖는autokephale' 지배처럼 활동한다. 그러므로 선출된 관료 직원으로는 일반적으로 고도의 기술적인 능률을 올

---

5 프랑스혁명기인 1793년 3월 10일에 파리에 설치된 특수 범죄 법원. 공포정치를 통해 정적을 제거하기 위해 악용되다가 1795년 5월 31일 폐지되었다.

지배와는 거리가 먼 방향으로의 카리스마의 새로운 해석

릴 수 없다. (예를 들면 이 점은 미국 각 주의 선출 관료를 연방정부의 임명 관료와 비교하면 분명하며, 또 마찬가지로 국민투표로 선출된 개혁 시장이 자신의 판단에 따라 임명한 위원회에 비해서 지방자치단체의 선출 관료를 겪어보면 확실하다) 국민투표의 지도자 민주주의 유형과 대립되는 것은 (나중에 언급할) 지도자 없는 민주주의 유형이다. 이 유형은 인간에 대한 인간의 **지배를 최소화하려는** 노력으로 특징지어지기 때문이다.

이때 지도자 민주주의의 특징은 일반적으로 지도자에 대한 헌신 및 신뢰라는 자연스러운 **감정적인** 성격이다. 비일상적인 인물, 대단히 많은 것을 주겠다고 약속하는 자, 자극 수단을 가지고 아주 강력하게 일하는 자를 지도자로 여기고 따르는 경향은 흔히 그러한 성격에서 유래한다. 모든 혁명에 혼합되어 있는 유토피아 요소는 자연스럽게 여기에 기초한다. 현대에는 행정의 합리성의 한계도 여기에 있다. 미국에서도 행정의 합리성은 언제나 기대에 미치지 못했다.

경제와의 관계: (1) 카리스마가 반反권위주의 방향으로 바뀔 경우 이러한 변화는 보통 합리성의 길로 나아간다. 국민투표를 통해 지배하는 자는 한결같이 신속하고 매끄럽게 일하는 관료 직원에 의지하려고 한다. 그는 전쟁의 영광과 명예를 통해서든 아니면 복종자들의 물질적인 복리를 증진시켜서든—사정에 따라 이 두 가지를 조합하는 시도를 통해서든—자신의 카리스마가 '증명되었다'고 주장하며 이 복종자들이 자신의 카리스마에 대해 나타내는 충성심을 공고히 하려고 할 것이다. 전통적, 봉건적, 가산제적 및 그 밖의 권위주의적 권력이나 특권을 파괴하는 것은 그의 첫 번째 목표가 될 것이다. 정당성 연대를 통해 그와 관련된 경제 이익을 창출하는 것은 그의 두 번째

목표가 될 것이다. 그때 그가 법의 형식화와 법률화를 이용하는 한, 그는 '형식상' 합리적인 경제를 고도로 진흥**시킬 수 있다.**

(2) 국민투표로 집권한 자들은 경제의 (형식적) 합리성을 쉽사리 악화시킬 수 있다. 그들의 정당성이 대중의 믿음과 헌신에 달려 있어, 그들은 반대로 **실질적인** 정의 요청을 경제상으로도 대표하지 않을 수 없다. 말하자면 그들은 사법과 행정의 형식적 합리성을 실질적인 ('카디'[6]) 재판(혁명재판소, 배급표, 생산과 소비에 대한 모든 종류의 배급과 통제)으로 무너뜨리지 않을 수 없다. 따라서 그가 **사회적** 독재자인 한, 이러한 경향은 현대적인 형태의 사회주의와는 연결되지 않는다. 언제 그렇게 되고 또 어떤 결과가 있는지는 여기에서 아직은 논의할 수 없다.

(3) **선출 관료층**은 형식상 합리적인 경제를 어지럽히는 하나의 원천이다. 왜냐하면 이들은 보통 정당 관료이지 전문적으로 훈련받은 직업 관료가 아니기 때문이다. 또한 소환 가능성이나 재선출되지 못할 가능성은 그들이 결과에 개의치 않으면서 사법과 행정을 엄격하게 객관적으로 운영하는 것을 막기 때문이다. 그들이 (형식상) 합리적인 경제를 방해해도 눈에 띄지 않을 수 있는 경우는 이전 문화의 기술적 및 경제적 성과를 신개발지에 적용할 수 있는 경우뿐이다. 이런 경우에는 아직 생산수단을 독차지한 집단이 없어 누구나 경제활동을 할 수 있다. 왜냐하면 선출 관료들의 거의 불가피한 부패를 비용으로 고

---

6 카디Kadi. 이슬람 세계의 재판관으로 코란에 따라서―게다가 비합리적인 동기에 따라서―재판한다. 베버는 법이나 행정의 형식적 합리성을 무시하고 실질적인 정의나 형평성을 중시하는 재판을 카디 재판이라고 불렀다.

려해도, 경제활동의 여유가 많이 남아 있어 대단히 큰 규모의 이익을
충분히 얻을 수 있기 때문이다.

(1)에 대해서는 보나파르트주의[7]가 고전적인 패러다임을 형성한
다. 나폴레옹 1세 치하에서는 나폴레옹법전[8]이 만들어졌고, 강제적인
상속재산 분할이 행해졌으며, 전래의 모든 권력은 도처에서 파괴되었
다. 반면에 공로가 있는 고위 관직자에게는 봉토가 주어졌다. 병사는
모든 것을 얻었다. 시민은 아무것도 얻지 못했지만, 그 대신에 영광을
얻었다. 소시민층의 생활은—대체로—견딜 만했다. 나폴레옹 3세
치하에서는 시민 왕[9]의 표어인 "부자 되세요"가 계속 사용되었으며,
대규모 토목공사와 동산動産의 담보대출이 행해졌다. 그 결과는 잘 알
려져 있다.

(2)에 대해서는 페리클레스[10] 시대와 페리클레스 이후 시대의 그리
스 '민주주의'가 고전적인 예이다. 소송은 로마의 소송처럼 법무관의

---

7 보나파르트주의Bonapartismus. 프랑스 황제 나폴레옹 1세와 나폴레옹 3세의 정책과 정치
　체제를 아우르는 말로 마르크스는 절대적인 독재 체제로 규정했다.
8 나폴레옹법전Code Napoleon. 1804년 나폴레옹 1세(1769~1821)가 제정, 공포한 민법전.
　법 앞에서의 평등, 신앙의 자유, 사유재산의 존중, 계약 자유의 원칙 등 근대 시민법의
　기본 원리가 반영되었다.
9 프랑스의 마지막 왕 루이 필리프Louis Philippe(1773~1850)의 별칭. 그에게는 여러 별칭이
　있었다. 그는 태어날 때부터 공작이었지만, 대혁명 당시에는 '평등한 자의 아들'이라고
　불렸다. 7월혁명(1830) 때에는 '시민 왕'이라고 불렸지만, 2월혁명(1848) 때에는 '늙은 독
　재자'라고 불렸다. 그가 역사에 남긴 이름은 '프랑스의 마지막 왕'이었다.
10 페리클레스Perikles(기원전 495?~기원전 429). 아테네의 정치가. 민주정치의 전성기를 가
　져왔다.

지시를 따르거나 법의 구속을 받는 개개의 배심원에 의해 형식적인 법에 따라 판정되지 않았다. 그리스의 헬리아이아[11] 법정에서는 소송이 '실질적인' 정의에 따라서—사실은 눈물, 감언이설, 선동적인 비방과 조롱에 따라서—판정되었다(아테네 웅변가들의 '소송 변론'을 보라. 로마에서는 그러한 것들을 정치 소송에서만 볼 수 있다. 키케로[12]가 하나의 비슷한 예이다). 그 결과 로마처럼 **형식**법과 **형식적** 법학이 발달하는 것은 불가능했다. 왜냐하면 헬리아이아는 프랑스혁명이나 독일(레테[13])혁명의 '혁명재판소'와 마찬가지로 '인민재판소'였기 때문이다. 프랑스혁명과 독일혁명은 정치적으로 중요한 소송만은 민간인이 참여하는 재판 앞으로 결코 끌어내지 않았기 때문이다. 반면에 영국에서는 어떤 혁명도 고도로 정치적인 소송을 제외하면 사법기관에 손대지 않았다. 물론 그 대신 치안판사에 의한 재판은 대부분 카디 재판이었다. 그러나 이는 그 치안판사에 의한 재판이 유산자들의 이해관계를 건드리지 않고 치안 성격만 지닌 한에서였다.

(3)에 대해서는 북미합중국의 패러다임이다. 16년 전[1904년]의 일이지만, 영국계 미국인 노동자들에게 "왜 당신들은 종종 매수할 수 있는 정당인들의 지배를 받아들이고 있습니까?"라고 물은 적이 있는데,

---

11 헬리아이아Heliaia. 아테네의 최고 대법원인 민회. 아테네의 여섯 부족이 각각 1,000명씩을 배심원으로 내보내 총 6,000명이 재판관 역할을 했다고 한다.

12 키케로 마르쿠스 툴리우스Marcus Tullius Cicero(기원전 106~기원전 43). 고대 로마의 정치가이자 저술가.

13 레테Räte. 제1차 세계대전 후 독일혁명(1918) 때 독일 각지에 형성된 평의회. 노동자 평의회, 농민 평의회, 병사 평의회로 구성되었다.

그들은 나에게 이렇게 대답했다. '큰 우리 나라'는 수백만 달러를 훔치거나 빼앗고 착복해도 여전히 돈 벌 기회가 충분히 있기 때문이며, 또한 이 '직업 정치인들'은 '우리(노동자들)'가 '경멸하는' 집단이기 때문이다. 반면에 독일과 같은 전문 관료들이라면 이들은 노동자들을 경멸하는 계급이 될 것이다.[14]

경제와 관련된 모든 상세한 점은 여기에서 다루지 않고 나중에 따로 서술할 것이다.

---

14 베버는 1919년 1월 28일에 행한 강연 '직업으로서의 정치'에서 다음과 같이 말했다. "미국의 노동자들에게 '왜 당신들은 당신들 자신이 경멸한다고 공언하는 정치가들이 통치하도록 내버려둡니까'라고 묻는다면, 15년 전만 하더라도 다음과 같은 대답을 얻었습니다. '당신네 나라에서처럼 우리를 경멸하는 관료 계급보다는 우리가 경멸하는 사람들이 관료로 있는 게 낫소.'"(막스 베버,《직업으로서의 정치》, 문예출판사, 2017, 74쪽)

IV. 카리스마적 지배와 그 변형[*]

1. 카리스마의 본질과 영향

(1) 카리스마적 권위의 사회학적 본질

관료제와 가부장제는 많은 점에서 상반되지만, **지속성**을 가장 중요한 특징 중의 하나로 공유하고 있다. 이런 의미에서 관료제와 가부장제는 '일상적인 조직'이다. 특히 가부장제 권력은 끊임없이, 반복해서 나타나는 보통의 일상적 수요 충족에 기인한다. 따라서 가부장제 권력은 본래 경제를 중심으로 해서,—보다 정확하게 말하면—보통 일상

- 〈Ⅳ. 카리스마적 지배와 그 변형〉의 원문은 다음과 같다. Max Weber, Die charismatische Herrschaft und ihre Umbildung, *Wirtschaft und Gesellschaft*, Tübingen, J.C.B.Mohr, 1972, pp. 654~687.

적인 수단으로 충족될 수 있는 분야의 수요를 중심으로 해서 활동을 펼친다. 가부장은 일상생활의 '자연적인 지도자'이다. 이 점에서 관료제는 가부장제를 합리적으로 바꾸어놓은 반대 그림에 불과하다. 관료제 역시 지속적인 조직이다. 그리고 그것은 합리적인 규칙을 지닌 체계로서 예측할 수 있는 지속적인 수요를 보통의 수단으로 충족시킨다.

이에 반해 일상적인 경제생활의 요구를 넘어서는 모든 수요는 우리가 역사를 거슬러 올라가면 올라갈수록 원리상으로는 더욱더 완전히 이질적인 방식으로 충족되었다. 보다 정확하게 말하면 **카리스마**를 기초로 해서 충족되었다. 이것은 다음과 같은 점을 의미한다. 심리적인 것이든 물리적인 것이든 경제적인 것이든 윤리적인 것이든 종교적인 것이든 정치적인 것이든 간에 **위기** 때의 '자연적인' 지도자는 임명된 관료도 아니고, 전문 지식을 익혀서 보수를 받고 일하는—오늘날의 의미에서—'직업'인도 아니다. 그는 오히려 (누구나 사용할 수 없다는 의미에서) 초자연적인 것으로 생각되는 특수한 육체적 및 정신적인 재능의 소유자이다.

이때 '카리스마' 개념은 여기에서는 완전히 '가치 자유적으로' 사용된다. 피에 굶주려 미친 듯이 뛰쳐나갈 때까지 광견병에 걸린 개처럼 자신의 방패나 자기 주위에 있는 것을 물어뜯는 북유럽의 '베르제르커', 아일랜드의 영웅 쿠 훌린[1] 또는 호메로스의 아킬레스[2] 같은 영웅 환각 능력은—베르제르커에 대해서는 오랫동안 주장한 것처럼, 강력

---

1 쿠 훌린Cuchulain. 아일랜드 신화에 등장하는 영웅으로 전사 집단의 대장.
2 아킬레스Achilleus. 트로이전쟁을 승리로 이끈 그리스신화의 영웅.

한 중독에 의해 인위적으로 생겨난 — 광기적인 발작이다(비잔틴에서는 그러한 발작 성향이 있는 많은 '금발 짐승'을 키웠다. 이는 고대에 전쟁 코끼리를 기른 것과 같다). 샤먼 환각 상태는 체질적인 간질과 관계가 있는데, 이것의 소유와 입증은 카리스마의 자격 조건을 나타낸다. 따라서 이 두 도취 형태는 우리의 감각으로 보면 '기운을 북돋워주는 것'이 아니며, 또한 예를 들면 모르몬교 성서에서 찾아볼 수 있는 종류의 '계시'도 아니다. 이 계시는 적어도 가치판단 관점에서는 아마도 서투른 '속임수'라고 부르지 않을 수 없을 것이다. 그러나 사회학은 그러한 가치판단에는 관심이 없다. 중요한 것은 모르몬교도들의 우두머리와 저 '영웅'이나 '주술사'가 지지자들 앞에서 자신이 카리스마 재능이 있는 사람임을 입증했다는 사실이다. 이 재능('카리스마')에 의거해서 그리고 — 신 관념이 이미 분명하게 확립되었을 때는 — 거기에 있는 (신이 부여한) 사명에 의거해서, 그들은 수완을 발휘해 지배력을 행사했다. 이것은 의사나 예언자뿐만 아니라 마찬가지로 재판관, 군사 지도자나 거대한 사냥 원정대의 지휘자에게도 해당되었다.

역사적으로 중요한 특수 사례(초기 기독교 교회 권력의 발전사)에 관해서는 루돌프 좀[3]의 공적이 크다. 그는 이 범주의 권력 구조의 사회학적 특성을 사상적으로 일관되게 — 말하자면 — 순전히 역사적으로 고찰했으며, 그 특성도 불가피하게 한쪽으로 치우쳐서 부각시켰다. 그러나 원칙적으로 이와 똑같다고 볼 수 있는 현상은 매우 보편적으로 나타나고 있다. 사실 그러한 현상은 종종 종교 영역에서 가장 순수하

---

3 루돌프 좀Rudolph Sohm(1841~1917). 독일의 법사학자.

게 나타난다.

모든 종류의 관료제적 직무 조직과는 달리 카리스마 조직은 임명 또는 해임의 형식이나 체계화된 절차도, '경력' 또는 '승진'의 형식이나 체계화된 절차도, '봉급'도, 카리스마 소유자나 그 조수들의 질서정연한 전문교육도, 감독 기관이나 상소법원도 알지 못한다. 또한 카리스마 조직에는 지역별 관할구역이나 배타적이며 공평한 권한도 지정되어 있지 않다. 또한 마지막으로는 관료제의 '관청'처럼 순전히 개인적인 카리스마적 인물이나 존재와 무관한 상설 제도도 존재하지 않는다. 오히려 카리스마가 아는 것은 내면적인 확신과 그 자신의 한계뿐이다. 카리스마 소유자는 자신에게 알맞은 임무를 파악해, 자신의 사명에 의거해서 복종과 추종을 요구한다. 그가 이 복종과 추종을 얻을지는 **성과**가 결정한다. 만약 자신은 그 사람들을 위해 보내졌다고 생각해도 그들이 그의 사명을 인정하지 않는다면, 그의 주장은 좌절된다. 그들이 그를 인정한다면, 그가 '증명'을 통해 인정을 유지할 줄 아는 한에서 그는 그들의 수장이다. 그러나 그는 자신의 '권리'를 선거를 통해 그들의 의지에서 얻지 않는다. 오히려 반대로, 카리스마 자격이 있는 자를 인정하는 것은 그의 사명이 대상으로 삼는 자들의 **의무**이다. 중국의 이론은 황제의 통치권이 백성의 인정 여부에 달려 있다고 주장했는데, 이것이 인민주권을 인정하는 것은 아니다. 이는 초기 기독교 집단에서 예언자가 신자들에 의한 '인정'을 필요로 하지 않은 것과 같다. 오히려 중국의 이론은 **군주 지위의** 카리스마적—즉 **개인적인** 자격과 **입증**을 보증하는—성격을 나타낸다. 물론 카리스마는 성질상 개인적인 것일 수 있으며, 일반적으로는 그런 것이다. 그러므로 카리스마 소유자의 사명과 권력의 질적인 한계는 내부에서 나오며, 외부 질서를 통해 나오지 않는다. 그의 사명은 그 의미와 내용에 따라 지역적, 인종적, 사회적, 정치적, 직업적 또는 그 밖의 제한된 인간 집단을 대상으로 할 수 있으며, 보통 그렇게 한다. 그렇다면 그 사명의 한계는 이 집단들의 주변에 있게 된다.

카리스마적 지배는 모든 점에서 그리고 경제 하부구조에서도 관료제 지배와는 정반대이다. 관료제 지배는 지속적인 수입에 의지한다. 따라서 관료제 지배는 적어도 주로 화폐경제와 화폐 세금에 의지하지만, 카리스마는 이 세상에 살면서도 이 세상에 의지해 살지 않는다. 이 점을 올바르게 이해해야 할 것이다. 종종 카리스마는 화폐 소유와 화폐 소득 자체를 아주 의식적으로 기피한다. 성 프란체스코[4]나 그와 비슷한 많은 사람들이 그랬다. 그러나 물론 이것은 규칙이 아니다. 천재적인 해적도 여기에서 말하는 가치 자유적인 의미에서는 '카리스마적' 지배를 행사할 수 있다. 카리스마를 지닌 정치 영웅들도 노획물, 그중에서도 특히 돈을 추구한다. 그러나 언제나—이것이 결정적인 점이다—카리스마는 계획적이며 합리적인 화폐 소득, 대체적으로는 모든 합리적인 경제활동을 가치 없는 것으로 여기며 거부한다. 여기에 모든 '가부장제' 조직과의 확연한 차이가 있다. '가부장제' 조직은 '가계家計'라는 잘 정돈된 기반에 근거하기 때문이다. '순수한' 형태의 카리스마는 그 소유자에게는 사적인 소득원이 아니다. 이는 결코 급

---

4 성 프란체스코Saint Francis(1182?~1226). 이탈리아 수도사로서 프란체스코 수도회의 창시자.

부와 반대급부를 교환하는 방식에 따라 경제적으로 이용한다는 의미만이 아니라, 보수라는 다른 의미에서도 그렇다. '순수한' 형태의 카리스마는 마찬가지로 사명을 수행하는 데 필요한 물자를 충당하기 위해 세금을 체계화하는 것도 알지 못한다. 오히려 그의 사명이 평화적인 것일 경우, 필요한 자금은 개인적인 후원을 통해, 또는 특별 기증, 관련자들의 분납금이나 자발적인 그 밖의 기부금을 통해 경제적으로 마련된다. 또는―카리스마를 지닌 전쟁 영웅의 경우처럼―전리품이 사명의 목적 중 하나가 되는 동시에 사명의 물질적 수단이 된다. '순수한' 카리스마는―(여기에서 사용하는 말의 의미에서) 모든 '가부장제' 지배와는 달리―모든 체계적인 경제활동과 대립된다. 순수한 카리스마는 카리스마를 지닌 전쟁 영웅처럼 재산 소유를 노릴 때도 또 바로 그런 경우에는 하나의 비경제적인 힘, 사실상 가장 강력한 비경제적인 힘이다. 그럴 수 있는 이유는 카리스마가 본질적으로 지속적인 '제도'의 조직이 아니고, '순수한' 유형에서 작용할 경우 그와는 정반대의 것이기 때문이다. 카리스마 소유자들, 즉 수장과 제자 및 추종자들은 자신들의 사명을 충족시킬 수 있으려면 이 세상의 굴레에서, 일상적인 직업에서 또 일상적인 가족 의무에서 벗어나야 한다. 예수회의 교단 규약에서 교회 직책을 맡지 못하게 한 것, 교단 구성원들 또는―성 프란체스코의 처음 규칙에 따라―교단 자체가 재산을 소유하지 못하게 한 것, 사제와 기사단 소속 기사의 독신제, 예언자나 예술가 카리스마를 지닌 수많은 사람들의 사실상의 독신 생활은 모두 카리스마적 지배에의 참여자에게는 불가피한 '세상과의 절연' 표현이다. 그러나 이때 카리스마의 종류에 따라 또한 그 의미를 실현하는 생활 태도에 따라 (예를 들면 종교적으로 실현하는지 아니면 예술적으로 실현하는지에 따라) 경제적인 참여 조건들이 겉으로는 서로 대립되는 것처럼 보일 수 있다. 예술적 기원의 근대 카리스마 운동이 '자립적인 실업자' (일상어로 표현하면 금리생활자)를 카리스마적 소명을 지닌 자의 가장 적합한 추종자라고 부른 것은 논리적으로 일관성이 있다. 중세 수도원의 계율이 경제적으로 정반대의 것, 즉 수도사의 가난을 요구한 것도 마찬가지였다.

(2) 카리스마적 권위 지속의 불안정성

카리스마적 권위의 지속은 본질적으로 특히 **불안정하다**. 그 소유자는 카리스마를 잃어버릴 수 있다. 그는 십자가의 예수처럼 '그의 신으로부터 버림받았다'고 느낄 수 있다. 지지자들에게는 그가 '힘을 빼앗겼다'고 보일 수 있다. 그러면 그의 사명은 끝난다. 희망은 새로운 소유자를 기다리고 찾는다. 그렇지만 지지자들은 그를 버린다. 왜냐하면 순수한 카리스마는 계속해서 새로 입증되는 자신의 힘에서 생겨난 정당성 외에 다른 '정당성'을 알지 못하기 때문이다. 카리스마를 지닌 영웅은 자신의 권위를 직위의 '권한'처럼 규정이나 법령에서 이끌어내지 않는다. 또 가산제 권력처럼 전해 내려온 관습이나 봉건적인 충성 약속에서도 이끌어내지 않는다. 오히려 그는 생활에서 자신의 능력을 **증명해** 권위를 얻을 뿐이며 또 그렇게 해서만 권위를 유지한다. 그는 예언자가 되고 싶으면 기적을 행해야 하고, 전쟁 지도자가 되고 싶으면 영웅적인 행위를 수행해야 한다. 그러나 무엇보다도 헌신적인 추종자들에게 **복리를 주어** 그의 신적인 사명이 '입증되어야'

한다. 그렇지 않으면 그는 분명히 신이 보낸 수장이 아니다. 이처럼 매우 진지한 의미의 진정한 카리스마는 신의 '불가해한' 뜻으로 되돌아가는 오늘날의 '왕권신수설'과는 분명히 근본적으로 대립된다. 왕권신수설에서는 그러한 신의 뜻에 대해 '군주만이 책임지기' 때문이다. 반면에 진짜 카리스마를 지닌 지배자는 정반대로 복종자들에게 책임진다. 그 이유는 말하자면 전적으로 다음과 같기 때문이다. 즉 바로 그가 개인적으로는 실제로 신의 뜻에 따른 수장이기 때문이다.

그 밖의 중요한 점에서는 여전히 정말로 카리스마적인 권력을 지닌 자가―예를 들면 (이론상으로는) 중국 군주들의 권력이 그랬던 것처럼―홍수나 전쟁에서의 패배로 인한 복종자들의 고난을 자신의 행정으로 덜어주지 못한다면, 그는 전 국민 앞에서 공개적으로 자신의 죄와 무능을 탄식한다. 우리는 이것을 최근의 수십 년 동안에도 본 적이 있다. 만약 이러한 속죄도 신을 달래지 못한다면, 그는 퇴위와 죽음을 각오한다. 죽음은 꽤 자주 속죄의 제물로서 행해진다. 예를 들면 《맹자》에 있는 다음과 같은 문장은 이처럼 매우 특수한 의미를 갖고 있다. 백성의 소리는 신의 소리이다(맹자에 따르면, 이것이 신이 말하는 **유일한** 방식이다). 백성이 더 이상 인정하지 않는다면, (분명하게 말한 것처럼) 수장은 단순한 사인私人에 지나지 않는다. 수장이 그 이상이 되고자 한다면, 그는 처벌받아야 마땅한 왕위 찬탈자이다. 이처럼 극도로 혁명적인 명제에 해당하는 상황은 원시적인 환경에서도 전혀 열정이 없는 형태로 다시 나타난다. 원시적인 환경에서는―아주 좁은 의미에서의 가족 권력을 제외하면―거의 모든 원시적인 권위에 카리스마적 성격이 있는데, 성과가 따르지 않으면 추장은 꽤 자주 곧바로 버림받는다.

(3) 카리스마의 혁명적 성격

카리스마를 지닌 수장의 권력은 그의 개인적인 사명에 대한 복종자들의 '인정'을 근거로 하고 있는데, 능동적이든 수동적이든 간에 사실상 '인정'의 원천은 비정상적인 것, 전대미문의 것, 어떤 규칙이나 전통도 잘 모르는 것, 따라서 신처럼 여겨지는 것에 대한 맹목적인 헌신에 있다. 이러한 헌신은 고난과 열광에서 생겨난다. 따라서 진정한 카리스마적 지배는 추상적인 법규범이나 규정을 알지 못하며 '형식적인' 판결도 알지 못한다. 카리스마적 지배의 '객관적인' 법률은 신의 은총에 대한 고도의 개인적인 체험과 신 같은 영웅적인 능력의 구체적인 발로이다. 그러므로 그것은 모든 외부 질서에 속박되는 것을 거부하면서 오로지 예언자나 영웅의 신념을 신성화하는 것을 의미한다. 그러므로 카리스마적 지배는 모든 것의 가치를 혁명적으로 바꾸어버리고는 모든—전통적이든, 합리적이든—규범과의 관계를 무제한적으로 끊어버린다. "……라고 쓰여 있지만, 나는 너희에게 말한다."

전형적으로 카리스마적인 형태의 분쟁 조정은 예언자에 의한 계시나 신탁이거나 또는 카리스마를 지닐 자격이 있는 현인의 중재판결이다(이 현인의 중재판결은 절대적인 타당성을 요구하며 구체적이고 개인적인 가치 검토 끝에 찾아낸 '솔로몬식' 중재판결이다). 여기에 그 말의 역사적인 의미가 아니라 잘 알려진 의미에서 '카디 재판'의 실제 고향이 있다. 왜냐하면 역사에서 실제로 나타난 것을 볼 때 이슬람교 카디의 재판은 바로 신성한 전통이나 이것에 대한 종종 아주 형식주의적인 해석에 따라 이루어졌지만,—그러나 무엇보다도—그러한 인식 수단이 없을 때만은 개별적인 경우에 대해 규칙에 구애받지 않고 개인적인 판단을 내리기 때문이다. 진정한 카리스마적 재판은 언제나 그렇게 한다. 순수한 형태의 카리스마적 재판은 형식이나 전통의 제약과는 극도로 대립한다. 그리고 그것은 전통의 신성함뿐만 아니라, 추상적인 개념에서의 합리주의적 추론과도 거리낌 없이 대립한다. 로마법에서 '형평과 선'을 고려하라고 권유하는 것과 영국 법에서 '형평'의 본래적인 의미가 일반적으로 카리스마적 재판과 어떤 관계가 있고, 특수하게는 이슬람교의 신정주의적인 카디 재판과 어떤 관계가 있는지는 여기에서 논할 수 없다. 그러나 이 둘은 일부는 이미 상당히 합리화된 법 집행의 산물이며, 일부는 추상적인 자연법 개념의 산물이다. 어쨌든 '성실성ex fide bona' 원리에는 좋은 상거래 '관습'을 지키라는 권유가 들어 있다. 따라서 그 원리는 진짜 비합리적인 재판을 의미하지도 않으며, 예를 들면 우리의 '사법적 자유재량'을 의미하지도 않는다. 이에 반해 시련을 증명 수단으로 사용하는 모든 종류의 신명재판은 물론 카리스마적 재판에서 파생된 것이다. 그러나 그것은 카리스마 소유자의 개인적인 권위 대신에 규칙에 따라 격식을 갖춰서 신의 의지를 발견하는 메커니즘을 내세운다. 그렇기 때문에, 그것은 이미 카리스마의 '객관화Versachlichung' 영역에 속한다. 이에 대해서는 곧 말할 것이다.

우리가 본 것처럼, 관료제의 합리화도 전통에 대해서는 일급의 혁명적인 힘이 될 수 있으며 종종 그러한 것이었다. 그러나 관료제의 합리화는 **기술적인** 수단을 통해 원칙적으로는—특히 모든 경제 재조직이 그렇게 한 것처럼—'밖에서부터' 바꾼다. 처음에는 사물과 질서를, 그다음에는 이를 통해 인간을 혁명적으로 바꾼다. 인간을 혁명적으로 바꾼다는 것은 인간의 적응 조건을 변화시키고 경우에 따라서는 합리적인 목적이나 수단을 설정해 외부 세계에의 적응 가능성을 향상시킨다는 것을 의미한다. 이에 반해 카리스마의 힘은 계시나 영웅에 대한 믿음에 근거하고 있다. 즉 카리스마의 힘은 (종교적, 윤리적, 예술적, 과학적, 정치적 또는 여하한 종류의 것이든 간에) 선언의 중요성 및 가치에 대한 감정적인 확신에 근거하고 있거나, (금욕이든 전쟁이든 사법적 현명함이든 주술적 은총이든 또는 그 밖의 어떤 종류의 것이든 간에) 영웅적인 태도에 근거하고 있다. 이 믿음은 '안에서부터' 인간을 혁명적으로 바꾸어 사물과 질서를 자신의 혁명적인 의지에 따라 만들려고 한다. 물론 이 대조는 올바르게 이해되어야 할 것이다. 영역들 간의 한없이 깊은 차이에도 불구하고, 종교적, 예술적, 윤리적, 과학적 및 그 밖의 모든 '이념', 특히 정치적이든 사회적이든 조직의 '이념'도—심리적으로 보면—본질적으로 똑같은 방식으로 생겨났다. 이러한 '이념' 중 어느 것은 '지성'으로 지정하고 어느 것은 '직관'(또는 어떤 식으로 구분하든 간에)으로 지정하고 싶은지는 '시간에 갇힌' 주관적 평가에 달려 있다. 예를 들면 바이어슈트라스[5] 같은 사람의 수학적 상상력은 예술가나 예언가 또는 선동가의 그것과 아주 똑같은 의미에서 '직관'이다. 여기에는 차이가 없다.[6] 차이는—'합리주의'의 의미를 이해하려면 이 점을 확실

---

5 카를 바이어슈트라스Karl Weierstrass(1815~1897). 독일의 수학자.
6 게다가 덧붙여 말하면, 여기에서 다룰 문제는 아니지만 가치 영역에서도 이념들은 모두 다음과 같은 점에서 일치한다. 즉 모든 이념은—예술가의 직관도—자신을 객관화하고 따라서 대체로 자신의 현실성을 증명하기 위해 '작품'의 수요에 '충격을 주었거나' 아니면—원한다면—충격을 받았다는 것을 의미하며, 어떤 주관적인 '느낌'이나 '체험'

하게 알아차려야 한다―결코 이념이나 '작품'을 **만든 사람**의 인품이 나 영혼의 '체험'에 있지 않다. 차이는 오히려 그 이념이나 '작품'을 복종자들이나 피지도자들이 내면적으로 '습득하고', 이들이 '체험하는' 방식에 있다. 우리가 전에 본 것처럼, 합리화는 다음과 같은 방식으로 진행된다. 즉 다수의 피지도자들이 단지 외적이고 기술적이며 자신들의 이익에 실용적인 결과를 습득하거나 그러한 결과에 적응하기만 하면 되는 방식으로 합리화는 진행된다(따라서 우리는 구구단을 '배우며' 너무나도 많은 법률가들이 법 기술을 배운다). 그렇지만 그것을 창안한 사람의 이념 내용은 그들에게 별로 중요하지 않다. 이 명제는 이러한 것을 의미할 것이다. 합리화와 합리적 '질서'는 '밖에서부터' 혁명적으로 바꾸지만, 카리스마는―이것이 일반적으로 그 특수한 효과를 나타낸다면―반대로 안에서부터, 즉 복종자들의 근본적인 심정 '변화'에서 혁명적인 힘을 표출한다. 관료제 질서는 항상 있었던 것의 신성함(즉 전통의 규범)에 대한 믿음을 목적에 맞게 제정된 규칙에의 순응으로 대체할 뿐만 아니라,―인간에게 그럴 능력이 있다면 목적에 맞는 다른 규칙으로 대신할 수 있으므로―그 규칙이 '신성한 것'이 아니라는 인식으로도 대체할 수 있다. 반면에 최고 형태로 나타날 때의 카리스마는 규칙과 전통을 대체로 무너뜨릴 뿐만 아니라 심지어는 모든 신성 사상도 근본적으로 뒤엎어버린다. 카리스마는 오래전부터 관례적이었던 것(따라서 신성시해온 것)에 대한 경외심을 강요하는 대신에, 전대미문의 것, 절대적으로 유일한 것(따라서 신적인 것)에 대한 내면적인 복

을 의미하지는 않는다는 것이다.(원주)

종을 강요한다. 이처럼 순전히 경험적이며 가치 자유적인 의미에서의 카리스마는 무엇보다도 역사의 특히 '창조적이며' 혁명적인 힘이다.

(4) 영향력의 범위

카리스마를 지닌 자의 권력뿐만 아니라 가부장의 권력도 관료제 질서의 '임명된' 지도자와는 달리 '자연적인 지도자'에 대한 개인적인 헌신과 그의 개인적인 권위에 근거를 두고 있다. 그렇지만 이 경외심과 권위는 두 경우에서 매우 다르다. 관료와 마찬가지로 가부장도 이 경외심과 권위를 향유하지만, 이때 그는 질서 담당자로서 그 경외심과 권위를 향유한다. 이 질서는 관료제의 법률이나 규정처럼 인간에 의해 목적에 맞게 제정되었을 뿐만 아니라 아주 오래전부터 침해할 수 없을 만큼 타당한 성격도 지녔기 때문이다. 카리스마 소유자는 자신의 인격에 구현되었다고 여긴 사명 덕분에 그 경외심과 권위를 향유한다. 그의 사명은 혁명적이기 때문에 모든 가치 서열을 뒤집고 관습, 법, 전통을 파괴하는 성격을 지닐 수밖에 없다. 물론 무조건적으로 항상 그런 것은 아니지만 어쨌든 최고로 나타났을 때는 그랬다. 비정상적인 상황의 곤경이나 열광에서 생겨난 카리스마 지배 조직과는 달리, 가부장제 권력은─가부장제 권력의 존속이 그 구체적인 소유자의 수중에서는 아무리 불안정하더라도─일상생활의 요구에 봉사한다. 그리고 가부장제 권력은 그 소유자와 환경의 모든 변화에도 불구하고 일상생활처럼 계속해서 기능한다. 이 두 조직 형태는 모든 생활 영역에 침투해 있다. 고대 게르만족의 많은 군대는 가부장제로 조직되어─즉 씨족별로 가장의 지휘하에─싸웠다. 고대 오리엔트 군주의 소작 농민 군대와 '연장자'의 지휘하에 출전하는 프랑크족 군대의 징집된 영세 농민 부대는 가산제로 조직되었다. 가장의 종교적 기능과 가정 수호신 숭배는 한편으로는 공식적인 공동체 제식祭式과 병행해서, 다른 한편으로는 사실상 거의 언제나 혁명적인 거대한 카리스마 예언 운동과 병행해서 지속된다. 그러나 평상시에 공동체의 일상적인 경제 거래를 담당하는 추장 외에도, 그리고 공동 전쟁의 경우 종족 총동원 외에도─게르만족과 인디언의 경우─자발적인 추종자와 함께 나서는 전쟁 영웅이 나타난다. 부족 전체의 공식적인 전쟁 때에는 평상시의 정상적인 권위도 매우 자주 전쟁 제후로 대체된다. 그는 임시변통으로 그러한 모험담에서 '영웅'으로 증명된 것에 근거해 특별히 '장군'으로 선포된다.

카리스마의 혁명적인 역할과는 달리, 정치 영역과 종교 영역에서 전통적이며 친숙한 일상적인 요구는 관습, 전통 존중, 부모와 조상에 대한 효심, 하인의 개인적인 충성에 근거한 가부장제 조직에 의해 충족된다. 경제 영역에서도 마찬가지이다. 경제는 물질적인 재화 수요를 충족시키기 위해 계획적으로 이루어지는 질서 정연하면서도 지속적인 일련의 행위이다. 그런 만큼 경제는 가부장제 지배 조직과─'경영'으로의 합리화 증대와 함께─관료제 지배 조직의 전형적인 고향이다. 그럼에도 불구하고 경제는 결코 카리스마와 무관하지 않다. 원시적인 사정에서는 한 수요 충족 영역이 매우 자주 카리스마적인 특징을 나타낸다. 이 영역은 당시에는 중요했지만 물질문화의 증대와 함께 그 중요성이 감소했는데, 그것은 사냥이다. 사냥은 전쟁과 비슷하게 조직되고 또 나중에도 여전히 오랫동안 전쟁과 같은 뜻으로 취급되었다(아시리아 왕의 비문에서도 그것을 볼 수 있다). 그러나 전형적으로 자본주의적인 경제 영역에서도 카리스마와 일상생활 간의 대립이 나타난다. 여기에서는 카리스마와 '가사家事'가 아니라, 카리스마와 '기업'이 서로 대립한다는 점만이 다를 뿐이다. 헨리 빌라드[7]는 거래소에서 북태평양 철도 회사[8]의 주식 소유에 기습을 가할 목적으로 유명한 '위임 기업 동맹'[9]을 조직했다. 그는 목적을 밝히지 않은 채 5,000만 파운드를 공모했는데, 보증도 하지 않고 명성을 이용해 일반 대중으로부터 돈을 다 모았다. 이 같은 현상의 대규모 약탈 자본주의 조직과 정신은 보통의 자본주의 대'기업'이 보여주는 합리적인 경영과는 근본적으로 다르다. 반면에 그것은 아주 거대한 금융 사업이나 식민지 약탈 사업과 비슷하며 또한—매우 오래전부터 있었던—해상 약탈 및 노예사냥과 뒤섞인 '임시 무역'과도 비슷하다. '자본주의 정신'이라고 부를 수 있는 것의 이중적인 성질에 대한 이해뿐만 아니라 마찬가지로 '직업적으로' 관료제화된 근대적인 일상 자본주의의 전형적인 특성에 대한 이해도—궁극적으로는 다르지만 어디에서나 얽혀 있는—이 두 구조적인 요소를 개념적으로 구분할 때만 가능하다.

---

7 헨리 빌라드Henry Villard(1835~1900). 미국의 철도왕. 철도 건설 사업으로 유명한 부호의 반열에 올랐다.
8 북태평양 철도 회사Northern Pacific Railway. 1864년 연방 의회의 특별 입법에 의해 설립되었으며, 미국 북서부 일대에서 대륙횡단철도를 건설했다.
9 위임 기업 동맹blind pool. 소유한 자산을 명시하지 않은 채 투자자들로부터 자본을 받는 혼합 펀드.

(5) 카리스마적 지배구조 형태의 사회적 특성

여기에서 사용하는 말의 의미에서 '순전히' 카리스마적인 권위가 그 성격을 순수하게 유지하면 할수록, 그것은 더욱더 통상적인 의미에서의 '조직'—즉 목적과 수단의 원칙에 따른 인간과 사물의 질서—으로 볼 수 없다. 그럼에도 불구하고 카리스마적 권위는 무정형無定形의 무조직 상태를 의미하지 않는다. 오히려 그것은 사회적인 구조 형대가 명확하며 카리스마 소유자의 사명에 적합한 업무 수행 및 물질 수단의 기구와 개인적인 기관을 갖추었다. 한정된 수의 지지자 집단은 추종과 충성 신의의 원칙에 따라 뭉친, 마찬가지로 개인적인 카리스마 자질에 따라 선발된 자들로서, 이들은 개인적인 참모진을 이루는 동시에 이 집단 내에서 특수한 종류의 카리스마적 권위를 나타낸다. 카리스마에 복종하는 사람들은 물적 재화의 기부를 수요와 작업 능력에 따라 행한다. 그들은 이 기부를—형식적으로는 자발적이며 규정에 있지 않고 꾸준하지 않음에도 불구하고—수요 충족 수준에서 양심에 따른 의무로 간주한다. 카리스마적 구조의 순수함이 많이 유지되면 유지될수록, 추종자들이나 제자들은 자신들의 물질적 생계 수단이나 사회적 지위를 녹봉, 봉급, 아무 종류의 보수나 급료, 직함이나 서열화된 지위 등의 형태로는 더욱더 받지 않는다. 오히려 물질적으로 자신들의 생계가 다른 식으로 보장되지 않는 한, 그들은 지도자가 기증물이나 전리품, 또는 기부금으로 받은 재화들을 공동으로 사용한다. 지도자는 공동체에서 회계나 계약 없이 그 재화들을 추종자들과 공유한다. 그러므로 추종자들은 경우에 따라서는 지도자가 제공하는 식탁 공동체와 자금이나 기부금을 요구하며, 관념적으로는 사회적, 정치적, 종교적 존경과 지도자 자신에게서 입증된 명예에의 참가를 요구한다. 이런 것에서의 이탈은 카리스마적 지배구조의 순수성을 흐리는 것이며 다른 구조 형태의 길로 나아가는 것이다.

(6) 카리스마적 지배 공동체의 '공산주의적' 재화 공급

따라서 카리스마는 가족공동체 다음으로 **공산주의**의 두 번째로―가족공동체와는 구분되는―중요한 역사적 담당자이다. 여기에서 말하는 공산주의는―어떤 식으로든―공동 '회계'('사회주의')를 위한 합리적인 재화 **생산** 조직을 의미하는 것이 아니라 재화 **소비**에서 '회계 책임'이 없다는 것을 의미한다. 이런 의미에서 역사적으로 잘 알려진 모든 '공산주의'는 전통적인 기반, 다시 말하면 가부장제 기반(가족 공산주의) 위에 성립되었거나, 아니면 카리스마의 믿음이라는 비일상적인 기반 위에 있었다. 그것은 전자의 형태로만 일상적인 현상으로 나타났으며 여전히 그렇다. 후자의 경우 그것은―완전히 발전하면―① 야영 공산주의 또는 약탈 공산주의가 되거나 ② '자선'이나 동냥 등 여러 가지 형태로 변질된 수도원의 박애 공산주의가 되었다. 야영 공산주의 또는 약탈 공산주의는 (그 실행의 순수성 정도는 다양하게) 리구리아해[10] 섬들의 해적 국가에서 칼리프 오마르[11] 치하의 이슬람교 조직, 기독교의 전투 교단이나 일본 불교의 전투 승려단에 이르기

---

10 리구리아Liguria해. 이탈리아 북부에 위치한 리구리아주의 해안과 코르시카섬 사이에 있는 바다.

11 오마르Omar(585?~644). 이슬람 교단의 제2대 칼리프.

까지 모든 시대의 카리스마적인 전사 조직에서 나타났다. 박애 공산주의는 어떤 형태로든 모든 종교의 꼭대기에 있었고, 직업적인 신神 추종자인 수도승들 안에서 계속 살아남았으며 수많은 경건주의[12] 조직—예를 들면 라바디[13]의 추종자들—과 그 밖의 격정적인 특수 종교 단체에서 나타났다. 진정한 영웅 신념의 유지뿐만 아니라 진정한 신성함의 유지도 그 진정한 주창들에게는 공산주의 기반을 유지하면서 개인적인 특별 소유를 추구하지 않는 것과 관련되어 있다. 그리고 당연한 말이지만, 카리스마는 원칙적으로 비일상적인 힘이며 따라서 필연적으로 비경제적인 힘이다. 그리고 어디에서나 일어나겠지만, 경제적인 일상사에 대한 관심이 우위를 차지하게 되면 카리스마의 활력이 위협받는다. '성직록Präbende'—공동 저장품에서의 오랜 공산주의적 공급을 대신한 '현물 급여'—은 바로 여기에서 생겨났으며 그 방향으로의 첫 번째 걸음이었다. 진정한 카리스마의 주창자들은 온갖 수단으로 이 같은 해체를 저지하려고 했다. 모든 독특한 전사 국가들은—스파르타가 전형적인 예이다—카리스마적 공산주의의 잔재를 간직하고 있었다. 이들은 종교 수도원처럼 영웅들이 소유욕이나 합리적 소득, 가족의 생계 걱정으로 '유혹'에 빠지지 않도록 애썼다. 이러한 고대 카리스마적 원리의 잔재와 (성직록화와 함께 시작되어 끊임없이 문을 두드리는) 개인적인 경제 이익 간의 타협은 아주 다양한 기반 위

---

12 경건주의Pietismus. 17세기 말에서 18세기 중엽까지 있었던 독일 프로테스탄티즘의 종교운동으로 개개인의 깊은 경건성과 이웃 사랑의 실천을 중시했다.

13 장 드 라바디Jean de Labadie(1610~1674). 17세기 프랑스의 경건주의자. 1669년에는 라바디주의자들Labadists로 알려진 종교 공동체를 창설했다.

에서 이루어졌다. 그렇지만 결국은 가족이 형성되었으며 영리 추구가 무제한 허용되었는데, 이러한 사태는 언제나 진정한 카리스마의 지배를 끝냈다. 오직 야영의 공동 위험이나 세상과 동떨어진 추종자들의 박애심만이 공산주의를 유지했으며, 이러한 공산주의만이 다시 일상 생활의 이익에 대해서 카리스마의 순수성을 보장했다.

　　모든 카리스마는 격정적이고 감정적이면서 경제와는 거리가 먼 생활에서 물질적 이해관계의 압박으로 인해 서서히 질식사하는 상태로 나아가는 도중에 있다. 그리고 시간이 갈수록 그 정도가 점점 더 커지고 있다.

2. 카리스마적 권위의 발생과 변형

(1) 카리스마의 일상화

　　앞에서 기술한 '순수한' 의미에서의 카리스마적 지배라는 창조물은 언제나 비정상적인 외부 상황(특히 정치적이거나 경제적인 상황)의 산물이거나 내부의 정신적인—말하자면 종교적인—상황의 산물이며, 아니면 이 두 상황의 공동 산물이다. 그것은 한 인간 집단에게 공통된 흥분, 즉 비정상적인 것에서 생겨난 흥분에서 발생할 뿐만 아니라 또한 어떤 내용의 것이든 상관없이 영웅적인 태도에 대한 헌신에서도 발생한다. 이 점만으로도 이미 다음과 같은 결론이 나온다. 카리스마 소유자 자신의 믿음과 그의 카리스마에 대한—이 카리스마가 예언적인 것이든 그 밖의 어떤 내용을 지녔든 간에—제자들의 믿음뿐만 아니라 그가 자신들을 위해 보내졌다고 믿는 사람들의 헌신, 즉 그와 그의 사명에 대한 이들의 신앙적인 헌신이 어떤 시련에도 굴하지 않고 일관되게 또 강력하게 발휘되는 것은 보통 발생기statu nascendi 때뿐이다. 한 운동이 카리스마에 이끌린 집단을 일상생활의 순환에서 벗어나게 했지만, 이 운동이 다시 일상생활의 궤도로 돌아가면, 적어도 순수한 카리스마적 지배는 보통 무너져서 '제도적인 것'으로 바뀌거나 변형된다. 그러면 그것은 바로 기계화되거나 전혀 다른 원리에 의해 눈에 띄지 않게 감소되며, 아니면 아주 다양한 형태로 다른 구조 원리와 굳게 결합한다. 이러한 경우 순수한 카리스마적 지배는 이 다른 구조 원리와 사실상 분리될 수 없을 정도로 결합해 구체적이며 역사적으로 중요한 조직의 한 요소를 나타낸다. 이러한 요소는 종종 인식할 수 없을 정도로 형체가 일그러졌기 때문에 이론적인 고찰에서만 순수하게 가려낼 수 있다.

그러므로 '순수한' 카리스마적 지배는 아주 특수한 의미에서 불안정하며, 그것의 **모든** 변형은 궁극적으로 똑같은 하나의 원천을 갖고 있다. 보통의 경우에는 수장 자신이 원하는 것도 그렇고 그의 제자들이 원하는 것도 항상 그런데, 대부분의 경우 카리스마에 복종하는 추종자들은 어디에서나 다음과 같은 것을 갈망한다. 즉 카리스마와 복종자들에 대한 카리스마적 축복을 비상 시기나 비범한 인물들에 대한 일회적이고—겉보기에는—일시적인 자유로운 은총이 아니라 일상의 지속적인 소유물로 만드는 것이다. 그러나 이렇게 되면 구조의 내적인 성격이 어쩔 수 없이 변한다. 전쟁 영웅의 카리스마를 추종하는 집단에서 국가가 생겨나든, 예언자, 예술가, 철학자, 윤리적 또는 학문적 혁신가의 카리스마를 추종하는 집단에서 교회, 종파, 아카데미, 학파가 생겨나든, 어느 한 문화 이념을 추구하는 카리스마 추종 집단에서 당이나 신문 및 잡지의 기구만이라도 생겨나든 상관없이, 언제나 카리스마의 존재 형태는 이제 일상생활의 조건, 일상생활을 지배하는 힘, 특히 경제적 이해관계에 좌우된다. 언제나 이것이 전환점이 되어 카리스마의 추종자들과 제자들은 처음에는―프랑크족 왕의 '호위대'가 그랬듯이―수장의 특권적인 식탁 동료가 되고, 나중에는 카리스마 운동에 의지해서 살려고 하는 봉토 소유자, 사제, 국가 관료, 정당 관료, 장교, 비서, 신문 편집자와 발행인, 출판인이 되거나, 아니면 사무직 사원, 교사나 그 밖의 직업에 의한 연금 수령자, 녹봉 소유자, 가산제 관직의 보유자 등이 된다. 반면에 카리스마 복종자들은 정기적으로 지대를 내는 '신민', 세금을 내는 교회, 종파, 정당, 조합 등의 회원, 규칙과 명령에 따라 복무를 강요받고 훈련받아 규율이 잡힌 군인이나 준법정신이 투철한 '국민'이 된다. 사도는 "정신의 순수함을 잃지 말라"라고 경고하지만, 카리스마의 메시지는 불가피하게―그때마다―교리, 학설, 이론이나 규정, 법규범 또는 화석화된 전통의 내용이 된다.

특히 근본적으로 서로 이질적이고 적대적인 두 개의 힘, 즉 카리스마와 전통이 서로 섞이는 것은 이 과정에서 매번 일어나는 현상이다. 당연히 이 두 힘의 바탕은 계획적으로 목적에 맞게 만든 규칙이나 그런 규칙에 대한 인식이 아니다. 그 바탕은 구체적인 인물의 권위를 복종자들(어린이, 피보호자, 제자, 시종 또는 봉신)이 절대적이든 상대적이든 전적으로 신성하다고 여기는 믿음과 또한 그런 인물을 숭배하는 관계나 숭배 의무에의 헌신이다. 카리스마와 전통, 두 경우 모두 숭배 관계나 숭배 의무가 언제나 어떻게든 종교적 숭고함을 지닌다.

두 지배구조의 외적인 형태도 종종 똑같을 정도로까지 서로 비슷하다. 전쟁 제후가 자신의 추종자들과 갖는 식탁 공동체가 '가산제적' 성격을 지녔는지 아니면 '카리스마적' 성격을 지녔는지는 그 식탁 공동체에서 외적으로는 알아차릴 수 없다. 그것은 공동체를 내적으로 충족시키는 정신에 달려 있다. 말하자면, 그것은 수장의 지위가 의지하고 있는 기반, 즉 전통에 의해 신성시된 권위에 달려 있거나 개인적인 영웅 숭배에 달려 있다. 그리고 전자에서 후자로의 이행은 유동적이다. 카리스마적 지배가 일상생활을 구속하는 전통과는 다른 아주 강렬한 성격의 감정적인 믿음과 순전히 개인적인 지지를 잃으면, 전통과의 동맹은 유일하게 가능한 것이 아니라—특히 생활 기술의 합리화가 발달하지 못한 시기에는—무조건 제일 우선적인 것이며 대부분의 경우 불가피하다. 이렇게 되면 카리스마의 본질은 결국 대가를 치르고 사라진다. 그리고 카리스마의 대단히 혁명적인 성격을 고려하면, 이것은 실제로도 그렇다. 왜냐하면 경제적 또는 사회적 권력 지위에 있는 모든 자들이 권위의 카리스마적—따라서 신성한—원천으로부터의 유래를 통해 자신들의 소유물을 **정당화**하려는 관심은 이제 더욱더 강해지기 때문이다(그리고 이것이 전형적으로 반복되는 이 발전의 근본적인 특징이다). 따라서 카리스마는 발생기 때처럼—그 진정한 의미에 따라서—모든 전통적인 것 또는 '정당한' 법적 획득에 기초한 것에 대해서 혁명적으로 작용하지 않는다. 이제는 카리스마가 그쪽에서 보면 정반대로 '획득한 권리'의 법적 근거로 작용한다. 그리고 이처럼 내적인 본질과는 거리가 먼 기능을 함으로써 카리스마는 이제 일상생활의 구성 요소가 된다. 왜냐하면 카리스마가 이렇게 해서 충족시켜주는 욕구는 완전히 보편적인 것이기 때문이다. 이는 무엇보다도 일반적인 이유에서 그렇다.

(2) 지도자 선출 문제(후계자 지명)

관료제 지배, 가부장제 지배 및 봉건제 지배의 일상적인 권력에 대한 앞에서의 분석은 이 권력이 어떤 방식으로 **기능하는지**만을 논했다. 그러나 관료제든 가부장제든 서열에서 가장 높은 지위에 있는 권력 소유자가 어떤 특징에 따라 선출되는가라는 문제는 아직 해결되지 않았다. 관료제 기구의 우두머리조차도 그 자신은 일반적인 기준에 따라 그 지위에 오른 최고 관료라고 생각할 수 있을 것이다. 그러나 그가 대부분의 경우 그렇지 않다는 것은 우연이 아니다. 그는 적어도 서열상 아래에 있는 관료들과 똑같은 기준에 따라 선출되지 않는다. 바로 관료제의 순수한 유형, 즉 **임명된** 관료들의 위계질서는 그들 지위의 근거를 또 다시 다른 관료들과 똑같은 의미에서의 '임명'에 두지 않는 권위를 필요로 한다. 가부장권을 소유한 인물은 부모와 아이들로 이루어진 소가족에서는 자연스럽게 나타나지만, 대가족에서는 보통 분명한 전통 규칙에 의해 확정된다. 그러나 가부장제 국가나 봉건제 위계질서의 우두머리는 그처럼 간단하게 선출되지 않는다.

그리고 또 다른 측면에서 카리스마적 지배가 항구적인 제도로 변하고자 할 때 직면하는 기본적인 첫 번째 문제도 분명히 바로 예언자, 영웅, 스승, 당수 등의 **후계자** 문제이다. 우선 입법이나 전통의 길로의 발전은 불가피하게 바로 이 문제에서 시작한다.

　문제는 카리스마이기 때문에, 후계자의 자유로운 '선출'은 애당초 가능하지 않다. 가능한 것은 후계 요구자에게 카리스마가 **존재한다**고 '인정하는 것'뿐이다. 따라서 개인적으로 자신의 자격을 증명하는 후계자 출현을 기다리거나 아니면 세속의 대리자나 예언자 출현을 학수고대해야 한다. 붓다Buddha의 체현體現과 마디[14]는 그 전형적인 예였다. 그러나 그러한 체현은 이루어지지 않은 경우가 많았거나, 교리상의 이유로 거의 기대하지 않았다. 기독교가 그랬고 불교는 처음부터 그랬다. 진정한 (남방)불교만이 실제로 이러한 견해에서 급진적인 결론을 이끌어냈을 뿐이다. 붓다가 죽은 후 그의 제자들은 탁발승의 수도원 공동체로 남아 있었지만, 그 조직화와 이익사회적 결합의 정도는 최소한에 그쳤으며 가능한 한 무정형적이고 임시적인 공동체적 결합 성격을 유지했다. 팔리 경전[15]의 오랜 규칙이 실제로 통용된 곳에서는―인도와 실론은 아주 자주 그랬다―가부장제도 없었을 뿐만 아니라 개인이 특정한 수도원에 소속되는 고정된 연고 관계도 없었다. '교구'는 편의상의 지역 경계 설정을 위한 지리적인 범위에 불과했다. 이 범위 안에서도 승려들은―'제식'이 없는―공동 의식에는 참석하지 않았다. 수도원의 '관료들'은 옷을 보관하는 사람과 이와 비슷한 일을 하는 소수의 간부로 제한되었으며, 개인뿐만 아니라 공동체

14　마디Mahdi. 이슬람교의 구세주. 유일신 알라의 사자로서 무함마드의 유업을 완성하고 불신자不信者를 멸하여 인류를 낙원으로 인도한다고 한다

15　팔리 경전Pāli Texte. 붓다의 직계 제자들의 암송을 모아 집대성한 것으로 불교의 기본적인 교리는 모두 이 경전을 바탕으로 이루어졌다.

자체도 재산을 소유하지 않고 (시주와 탁발을 통해) 순전히 후원자에 의해서 수요를 충족하는 것은 가능한 한 일상생활의 조건하에서 이루어졌다. 모임에서 자리와 발언의 '순서'는 (수도사로서의) 햇수와 스승과 그의 조수로서 일한 신참자의 관계에 의해 정해졌다. 환속은 언제든지 가능했고, 입회 허가에만 아주 간단한 전제 조건(강론, 스승에 의한 품행 증명서 그리고 최소한의 의식)이 붙어 있었다. 고유한 '교리'도 없었고, 전문적인 강론도 설교도 없었다. 처음 수백 년 동안에는 반半전설적인 '공의회'[16]가 두 번 열렸을 뿐 그다음에는 열리지 않았다.

승려 공동체의 이러한 고도로 무정형적인 성격이 인도에서 불교가 사라지는 데 강력하게 기여했다는 사실은 확실하다. 그러한 성격은 대체로 순수한 승려 공동체에서만 가능했다. 게다가 이러한 승려 공동체에서는 개인의 구원이 전적으로 개인 자신에 의해서만 이루어질 수 있었다. 왜냐하면 다른 종류의 공동체에서는 그러한 태도는 물론이고 새로운 구세주의 출현에 대한 순전히 수동적인 고대苦待도 마찬가지로 육체를 갖추고 현존하는 수장이나 지도자를 열망하는 카리스마 추종자 집단의 결속을 해치기 때문이다. 카리스마 소유자가 지속적으로 자기 동료들 중에서 나오기 바라는 이러한 소망이 이루어지면, 일상화 방향으로 중대한 걸음을 내딛게 된다. 항상 새로 이루어지는 체현體現은 카리스마의 일종의 '객관화'를 초래했다. 부름 받은 그 소유자를 그의 카리스마가 나타나는 어떤 특징에 따라서 찾아야

---

16 공의회Konzil. 교회의 교리와 규율 등을 결정할 목적으로 소집되는 주교와 교회 대표자들의 회의. 여기에서 결정된 사항은 최고의 권위를 지닌다.

했다. 말하자면—원칙적으로는 완전히 성우聖牛 숭배 방식으로—새로운 달라이라마처럼 어쨌든 '규칙'에 따라서 체계적으로 찾아야 했다. 아니면 그를 찾아내기 위해서는 다른 명백한 수단, 다시 말하면 마찬가지로 규칙에 따라 정해질 수 있는 수단을 사용해야 했다. 여기에는 우선 다음과 같은 자명한 믿음이 필요했다. 즉 카리스마 소유자 자신이 그의 후계자나—예수처럼 그가 그 의미대로 단 한 번의 체현일 수 있다면—그의 현세 대리자를 지명할 자격이 있다는 자명한 믿음이 필요했다. 수장에 의한 자신의 후계자나 대리자 창출은—예언자 조직이든 전사 조직이든 간에 원초적으로 카리스마적 지배의 모든 조직에서—지배의 연속성을 유지하는 데 매우 적합한 형태였다. 그러나 당연히 그것은 카리스마라는 개인의 고유한 힘에 기초한 자유로운 지배에서 '원천'의 권위에 기초한 '정당성' 쪽으로 넘어가는 것을 의미했다. 잘 알려진 종교의 예 외에도 로마의 정무관 창출 형식(부대 안에 자격이 있는 사람들 중에서 자신의 후계자를 지명하면 소집된 군인들이 환호하며 찬동하는 것)은 의식에서 이 카리스마의 특징을 유지했다. 관직 권력을 제한하기 위해 관직 임기를 정하고 시민군의 공식적인 **사전** 동의('선거')가 도입되었을 때에도 그랬다. 특출한 인간을 요구하는 위기 상황 때 전쟁터에서 독재관을 임명하는 것은 '순수한' 카리스마를 만들어낸 옛날 유형의 특징적인 잔재로서 오랫동안 그대로 남아 있었다. [로마제국 초기의] 원수 정치[17]는 군대가 개선 영웅을 '최고사령관'으로 추대하는 것에서 생겨났는데, 이때 그는 '황제법'에 따라 통치

---

17 원수 정치Prinzipat. 제1인자 지위에 있는 원수princeps에 의해서 이루어지는 정치.

자가 되는 것이 아니라 정당하게 통치권을 요구하는 자로 인정받았다. 가장 전형적인 시대의 원수 정치는 동료들의 합의에 의한 지명이나 후계자 지명만을 '정당한' 계승으로 인정했다. 물론 후계자 지명은 보통 입양 형식으로 나타났다. 이러한 관습에 의해 반대로 가족의 죽은 아버지를 대신해서 신과 가족 재산에 대해 책임지는 '양부養父'를 아주 자유롭게 임명하는 일이 의심할 바 없이 부대에서 로마의 가부장제로 스며들어갔다. 양자에 의한 계승에는 카리스마의 상속 가능성이라는 사상도 함께 이용되었다. 그렇지만 이 사상은 진짜 군인황제시대[18]에는 결코 원리로서는 실제로 인정되지 않았다. 그래도 다른 한편으로 원수에게는 언제나 관직 성격이 남아 있었다. 군인황제가 로마의 성격을 지니는 한, 원수는 규칙에 근거해 잘 정리된 관료제적 권한을 지닌 관료였다. 원수에게 이 관직 성격을 준 것은 아우구스투스[19]의 업적이다. 당시의 사람들은—아마도 카이사르[20]가 염두에 두었을 헬레니즘 군주정치 사상과는 대조적으로—그의 업적이 로마의 전통과 자유를 유지하고 복원한 것이라고 여겼다.

(3) 카리스마적 지배의 지명과 찬동

그러나 카리스마 소유자 자신이 후계자를 지명하지 않았거나 인간

---

18 군인황제시대(기원전 235~기원전 284). 로마제국 각지의 군대(로마군)가 황제를 마음대로 폐립한 시대.

19 아우구스투스Augustus(기원전 63~기원후 14). 고대 로마의 초대 황제.

20 가이우스 율리우스 카이사르Gaius Julius Caesar(기원전 100~기원전 44). 고대 로마의 장군이자 정치가.

의 모습을 하고 나타날 때 흔히 보이는 명백한 외적인 특징들이 없다면, 복종자들에게는 다음과 같은 생각이 떠오른다. 그의 통치에 함께하는 자들(지식인 계급), 즉 제자들과 추종자들이 지금부터 자격이 있는 자 자체를 식별하는 데 가장 알맞은 적임자일 것이다. 따라서 무엇보다도 그들만이 사실상 권력의 도구를 장악했기 때문에, 그들은 이 역할을 '권리'로서 독차지하는 데 어려움이 없었다. 물론 카리스마의 영향력의 근원은 복종자들의 믿음이기 때문에, 지명된 후계자에 대한 이들의 인정은 없어서는 안 되는 것이 될 수 있었다. 오히려 복종자들에 의한 인정이 본래는 결정적인 것이었다. 예를 들면 [중세 독일의] 선제후단이 선출 준비 위원회로 이미 확고하게 그 한계가 정해져 있었던 시대에도 실제로 중요한 문제는 여전히 다음과 같은 것이었다. 선제후 중 누가 군인 집회에서 후보자를 추천하겠는가? 왜냐하면 적어도 원칙적으로는 그가—다른 선제후의 의사를 거스르면서—아주 개인적으로 지지하는 후보자에게 찬동을 얻게 해줄 수 있었기 때문이다.

그러므로 가장 가깝고 가장 강력한 추종자들의 지명과 복종자들의 찬동은 이러한 종류의 후계자 임명이 이루어지는 정상적인 형태였다. 가산제나 봉건제의 평범한 국가에는 가장 중요한 가산제 관료들이나 봉토 소유자들의 '예비선거권'인 추종자들의 지명권이 있었는데, 이 지명권은 카리스마의 근원에서 유래했다. 이런 점에서 독일의 국왕 선거는 교회의 주교 선거를 모방한 것이다. 그러므로 새로운 국왕의 '선출'은—이것은 교황, 주교, 사제의 선출과 마찬가지로 ① 제자와 추종자들(선제후, 추기경, 주교구 사제, 주교좌성당 참사회, 장로)에 의한 지명과 그다음에는 ② 국민에 의한 찬동을 통해서 이루어졌기 때문에 ─ 현대의 대통령 선거나 의원 선거와 같은 의미에서의 '선거'가 아니었다. 그것은 적어도 진정한 의미에서는 전혀 다른 것이었다(즉 선거에 의해 처음 생겨나는 것이 아니라 그전부터 있는 자격, 말하자면 카리스마가 존재한다는 것에 대한 식별 또는 인정이었다). 카리스마 소유자로서 선출되는 자가 반대로 카리스마의 인정을 요구하기 때문이다. 따라서 원칙적으로는 처음부터 다수결 선거가 있을 수 없다. 왜냐하면 아무리 큰 다수라도 잘못 생각할 수 있는 것처럼, 아무리 작은 소수라도 진정한 카리스마를 올바르게 인식할 수 있기 때문이다. 오직 한 사람만이 올바른 자일 수 있다. 따라서 의견이 다른 선거인들은 모독 행위를 저지른다. 교황 선출의 모든 규칙은 만장일치를 얻으려고 한다. 그러나 왕의 이중 선출은 교회의 분열과 완전히 똑같은 것이다. 그것은 부름 받은 자에 대한 올바른 식별을 흐리게 한다. 이러한 상황을 바로잡을 수 있는 것은 원칙적으로 물리적 또는 주술적 수단을 갖고 행하는 개인 결투라는 신명재판에서 그가 부름 받았다는 사실을 증명하는 것뿐이다. 이 신명재판이 흑인 부족의 왕위 요구자들에게는 (특히 형제들 사이에는) 제도로서 존재하는데, 다른 곳에서도 그렇다.

또한 다수결 원리가 관철되면, 이제부터는 선거 결과에 의해 입증된 권리에 승복하고 나중에는 다수에게 동의하는 것이 소수의 도덕적인 '의무'로 간주된다.

그러나 일단 다수결 원리가 관철되면, 카리스마적 지배구조는 당연히 이런 후계 결정 방식으로 진정한 선거제도의 길에 들어서게 된다. 모든 현대적인 형태의 통치자 임명은 물론 모든 민주적인 형태의 통치자 임명도 카리스마와 무관하지는 않다. 어쨌든 소위 국민투표에 의한 민주적인 통치 체제(프랑스 시저리즘의 공식적인 이론)는 그 이념에 따라서 본질적으로 카리스마적 지배의 특징을 지녔으며, 그것을 옹호하는 자들의 모든 주장은 결국 바로 이 특성을 강조한다. 국민투표는 '선거'가 아니다. 그것은 개인적으로 카리스마적 통치자 자격이 있다고 나선 사람에 대한 첫 인정이거나 아니면 (1870년 프랑스 국민투표[21]의 경우에는) 재인정이다. 그러나 페리클레스의 민주주의 역시―이것은 그 창시자의 사상에 따르면 정신과 연설의 카리스마를 통한 선동가의 지배였다―바로 한 전략가의 선출로(에두아르트 마이어[22]의 가정이 옳다면, 다른 사람들은 추첨으로 결정된다) 두드러진 카리스마적 특징을 지녔다. 본래의 카리스마적 지배 공동체들이 통치자 선출의 길로 들어선 곳은 어디에서나 결국 선거 절차가 규칙에 얽매이게 되었다. 이는 무엇보다도 카리스마의 진정한 근원의 소멸과 함께 전통의 일상적인 힘과 이 전통의 신성함에 대한 믿음이 다시 우위를 차지해, 이제는 전통의 존중만이 올바른 선거를 보장할 수 있었기 때문이다. 그러므로 카리스마 원리에 의해 생겨난 성직자, 궁정 관료 또는 대봉신의 예비선거권에 눌려 복종자들의 찬동은 점점 더 뒤로 물러났다. 결국 배타적인 과두정치의 선거 기구가 생겨났다. 가톨릭교회와 신성로마제국에서 그러했다. 그러나 이와 똑같은 일은 선거권을 가

---

21 1870년 5월 8일에 치러진 헌법 개정(제정을 폐지하고 대통령제의 공화정을 채택)에 관한 찬반 투표로 82.7퍼센트의 찬성을 얻어 통과되었다.

22 에두아르트 마이어Eduard Meyer(1855~1930). 독일의 역사학자. 실증주의 입장을 취했으며, 사료 비판에 뛰어났다.

진 곳이면 어디에서나 일어났다. 특히 모든 시대의 도시 규약을 보면 대부분 여기에서 지배 가문들의 사실상 현 회원에 의한 신입 회원 선출권Kooptationsrecht이 생겨났다. 지배 가문들은 이런 식으로 해서 수장을 그의 수장 지위에서 동료 중 한 사람의 지위[아르콘Archon(고대 그리스 도시국가의 집정관), 콘술Konsul(로마제국의 집정관), 도게Doge(베니스와 제노바 공화국의 총독)]로 끌어내렸을 뿐만 아니라, 다른 한편으로는 지역 주민들을 임명에 참여하는 일에서 제외시켰다. 오늘날에는[1914년 전에는] 함부르크의 상원 선거에서 이와 유사한 현상들이 발전하는 경향을 볼 수 있다. 형식 관점에서 보면, 이것은 과두제로 이행하는 아주 흔한 '합법적인' 길이다.

(4) 민주적인 선거제도로의 이행

그러나 복종자들의 찬동은 반대로 정기적인 '선거 방식'으로 발전할 수 있다. 말하자면 규칙에 의해 단일화된 '선거권', 직접적이든 간접적이든 '구역별 선거' 또는 '비례선거', '선거 계급', '선거구'를 지닌 선거 방식으로 발전할 수 있다. 이런 방식으로 가는 길은 멀다. 형식적으로도 최고 통치자 선출에 관한 한, 그 길은 미국에서만—그곳에서는 선거 업무 중에서 가장 본질적인 부분의 하나가 양당 중 각각의 당에서의 '지명' 선거운동이다—끝까지 나갔다. 다른 곳은 어디에서나 기껏해야 수상과 각료의 임명에서 결정적인 역할을 하는 국회의원들을 선출한 것에 그쳤다. 카리스마를 지닌 통치자에 대한 찬동에서 복종자 공동체에 의한 직접적인 통치자 선출로의 발전은 전혀 상이한 문화 단계에서 일어났다. 이 과정을 감정적인 믿음에서 벗어나 합리적으로 고찰하려는 경향이 확산되면서 정말이지 이러한 전환은 더욱더 가속화될 수밖에 없었다. 그러나 통치자 선거는 서양에서만 대의제도로 서서히 발전했다. 예를 들면 고대 보이오타르크들[23]은 자신들의 공동체 대표자였지(영국 '하원'의 의원들도 본래는 그랬던 것처럼) 선거인[유권자] 자체가 아니었다. 아티카[24] 민주주의처럼 관료들이 실제로 민중의 대리인이자 대변자에 불과하고 이 민중이 세분화된 곳에서는, 실제적인 '대의' 사상보다는 오히려 윤번제 원리가 지배했다. 이원리가 철저하게 시행될 경우 선출된 자는 형식적으로는 직접민주주의에서처럼 그의 선거인들의 대리인, 말하자면 공복일 뿐이며, 그들의 선출된 '수장'이 아니다. 이렇게 되면 그는 구조적으로 카리스마의 기반을 완전히 잃어버린다.

그러나 거대한 행정 단체를 지닌 나라에서 '직접'민주주의 원리를 이처럼 철저하게 시행하는 것은 언제나 단편적으로만 가능하다.

(5) 대의제도의 카리스마적 요소
국회의원의 '명령적' 위임[25]은 이미 순전히 기술적으로—항상 변

---

23 보이오타르크Boiotarch. 전통적으로 보이오티아 동맹의 장군을 가리키는 말. 보이오티아 동맹은 그리스 중동부 지역인 보이오티아 지방에 있던 주권국가들의 동맹으로 기원전 550년경에 처음 결성되었다.

24 아티카Attika. 그리스 중남부 지방으로 중심 도시는 아테네이다. 그리스 문화의 중심지였다.

25 명령적 위임imperatives Mandat. 국회의원이 유권자의 지시에 구속되는 위임. 이와 반대되는 것으로 자유 위임freies Mandat이 있는데, 이것은 국회의원이 유권자의 지시에 구속되지 않는 위임이다.

하는 상황과 항상 생겨나는 뜻밖의 문제 때문에—불완전하게만 실행될 수 있다. 선거인들의 불신임 투표에 의한 국회의원 '소환'은 지금까지 아주 드물게 시도되었을 뿐이다. 의회의 결정을 '국민투표'로 검증한다는 것은 주로 고집 센 모든 비합리적인 힘이 본질적으로 강화된다는 것을 의미한다. 왜냐하면 국민투표는 보통 이해관계자들 간의 흥정이나 타협을 기술적으로 배제하기 때문이다. 빈번한 선거는 결국 늘어나는 비용 때문에 그만둔다. 실제로 국민의 대표자를 선거인들의 의지에 구속시키려는 모든 시도는 결국 보통은 다음과 같은 것을 의미할 뿐이다. 즉 그에 대한 당 조직 대표자들의 권력은 어차피 증대되며 강화된다는 것이다. 이 당 조직만이 '국민'을 움직일 수 있기 때문이다. 의회 기구의 융통성에 대한 실용적인 관심뿐만 아니라 국회의원이나 당 간부의 권력에 대한 관심도 국회의원을 공복이 아니라 선거인들의 선출된 '수장'으로 간주하는 방향에서 만나 하나가 된다. 거의 모든 헌법은 이것을 다음과 같은 형태로 표현한다. 국회의원은—군주와 마찬가지로—자신의 투표에 대해서는 책임지지 않는다. 그는 '국민 전체의 이익을 대변한다'. 그의 실제적인 권력은 매우 다양할 수 있다. 프랑스에서는 개개의 의원이 사실상 모든 관직 임명의 정상적인 우두머리일 뿐만 아니라, 대체적으로는 가장 진정한 의미에서 그의 선거구의 '수장'이기도 하다(따라서 비례대표제 선거에 반대하기 때문에 당의 중앙집권화 현상이 없다). 미국에서는 상원의 우위 때문에 그런 일이 일어나지 않는데, 오히려 상원 의원이 비슷한 위치를 차지하고 있다. 영국에서도 그렇고 독일에서는 더욱더 그렇다. 서로 매우 반대되는 이유에서 개개의 의원 자신은 선거구민들의 수장이기보

카리스마적 지배와 그 변형

81

다는 이들의 이해관계의 대리인이다. 그러므로 임명에의 영향력은 세력이 큰 당수들의 수중에 있다.

선거 메커니즘이 권력을 어떻게 분배하는지는 여기에서 더 이상 추적할 수 없다. 이것은 역사적으로 주어진 지배구조의 종류에 달려 있으며, 상당한 정도로는 자율적인—즉 기술적으로 결정된—요인에 달려 있다. 우리는 원리에 대해서만 관심이 있었다. 모든 선거는 실제적인 의미가 없는 단순한 형식이라는 성격을 지닐 수 있다. 초기 제정 시대의 코미티아[26]와 고대 그리스나 중세의 많은 도시에서는 소수의 독재자 클럽이나 전제군주가 정치권력 수단을 장악해 선출해야 할 관직 후보자들을 사실상 구속력 있게 지명하자마자 바로 그 같은 일이 일어났다. 그러나 형식적으로는 그런 경우가 아니라고 해도, 과거의 문헌들이 일반적인 의미로—독일의 경우처럼—주민 총회에 의한 군주나 그 밖의 권력자의 '선거'에 대해 말할 때는 언제나 다음과 같은 의미로 그 표현을 썼다. 즉 현대적인 의미가 아니라, 실제로는 다른 기관에 의해 지명되었거나 게다가 하나 또는 소수의 자격 있는 가문에서만 선택된 후보자에 대해서 단순히 찬동한다는 의미였다. 물론 지배 권력에 대한 투표가 국민투표—따라서 카리스마—성격을 지닐 때에도 '선거'는 없었다. 다시 말하면 후보자들 사이에서의 선출이 아니라 왕위 승계권을 주장하는 자가 요구하는 인정 역시 결코 '선거'가 아니었다.

---

26 코미티아Comitia. 고대 로마의 시민 총회. 로마인들은 국가의 중요 문제에 대해서는 반드시 로마 시민들의 모임 '코미티아(민회)'에서 결정했다.

그러나 모든 정상적인 '선거'도 일반적으로는 선거인 앞에 나서기 전에 이미 개인적으로 심사받아 확정된 여러 대권 요구자 간의 결정에 불과할 수밖에 없다. 이 결정은 선거운동의 싸움터에서 개인적인 영향력과 물질적 또는 관념적 이해관계의 호소에 의해 이루어진다. 이때 선거 방식의 규정은 말하자면 형식상으로는 '평화적인' 투쟁을 위한 경기 규칙이 된다. 이제는 개인적으로 심사받은 후보자들의 지명이 당 안에서 먼저 이루어진다. 왜냐하면 이제 득표 운동과 함께 관직 임명을 위한 투쟁을 조직하는 것은 선거인들의 무정형적인 사회운동이 아니라 당 지도자들과 이들의 추종자이기 때문이다. 4년마다 행해지는 선거운동의 직접적 및 간접적인 비용은 이미 지금 미국에서는 식민지 전쟁만큼이나 많이 든다. 그리고 이 선거운동비용은 독일의 모든 정당(보좌 신부, 귀족이나 관료 출신의 명사 또는 다른 곳에서 보수를 받는 노동조합 서기나 그 밖의 서기 등의 값싼 노동력으로 일하지 않는 정당)에서도 상당히 늘어났다.

돈의 위력 외에도 여기에서는 '연설의 카리스마'가 그 위력을 발휘한다. 연설의 위력 자체는 특수한 문화 사정에 구속받지 않는다. 인디언의 추장 회의나 아프리카의 장황한 회담도 연설의 위력을 잘 알고 있다. 연설은 고대 그리스 민주주의에서 처음으로 질적으로 크게 발전해 언어와 사상의 발달에 엄청난 영향을 미쳤다. 물론 순전히 양적으로는 '가두연설'을 동반하는 현대 민주주의의 선거운동이 이전에 있었던 모든 것을 능가한다. 대중 효과를 더 많이 노리면 노릴수록 그리고 정당의 관료제 조직이 엄격해지면 엄격해질수록, 연설 내용의 중요성은 더욱더 부차적인 것이 된다. 왜냐하면 계급 상황이 단순하지 않고 합리적으로 계산해 행동해야 하는 그 밖의 경제적 이해관계가 주어져 있는 한, 연설의 영향은 순전히 감정적이기 때문이다. 연설은 당의 시가행진이나 축제와 똑같은 의미를 지녔다. 즉 연설은 대중에게 당의 세력과 필승에 대해서, 무엇보다도 지도자의 카리스마적 능력에 대해서 확신시켜준다는 의미를 지녔다.

모든 감정적인 대중 영향은 반드시 '카리스마적' 특징을 어느 정도 갖고 있기 때문에, 정당과 선거 사무의 관료제화 증대는 바로 그 절정에 이를 경우 돌연한 카리스마적인 영웅 숭배 열풍에 봉사하도록 강요받을 수도 있다. 이 경우 카리스마적인 영웅 태도는―루스벨트[27]의 선거운동이 보여준 것처럼―당 '경영진'의 일상적인 권력과 충돌한다.

(6) 카리스마를 지닌 지도자, 명사 및 당 관료에 의한 정당 운영

모든 정당은 거의 예외 없이―정당한 대권 요구자이든 시저리즘적인 대권 요구자이든 간에―이 대권 요구자(즉 페리클레스나 클레온[28] 또는 라살레[29]식의 선동가)의 카리스마를 추종하는 자들로 시작한다. 따라서 정당이 대체로 일상적인 지속 조직으로 발전하면, **명사들**에 의

---

27 시어도어 루스벨트Theodore Roosevelt(1858~1919). 미국의 제26대 대통령(재임 1901~1909). 1909년에 대통령직을 퇴임하면서 정계에서 은퇴했다가 1910년에 복귀했다. 1912년 제3당인 진보당을 조직하고 대통령 선거에 출마했지만, 민주당의 우드로 윌슨에게 패배했다.
28 클레온Kleon(?~기원전 422). 아테네의 정치가이자 민중 지도자.
29 페르디난트 라살레Ferdinand Lassalle(1825~1864). 독일의 사회주의자. 노동운동 지도자로 활약했다.

해 운영되는 조직체(18세기 말까지는 거의 언제나 귀족 연맹체였다고 주장할 수 있다)로 변형되는 것이 정당의 일반적인 운명이다. 중세 이탈리아 도시에서는—그러나 아주 막강한 도시 봉신들은 거의 언제나 황제파[30]였기 때문에—귀족에 대한 직접적인 '처벌'이 여러 번 있었다. 이것은 관직에 오를 수 있는 자격의 상실이나 정치 권리의 박탈과 같은 의미였다. 그럼에도 불구하고 '평민popolani'의 지배하에서도 귀족이 아닌 자가 지도적인 관직을 맡는 것은 지극히 드문 예외이다. 항상 그런 것처럼 이때에도 시민들은 정당에 자금을 대야 했다. 그 당시에는 다음과 같은 점이 결정적이었다. 즉 정당들은 매우 자주 직접적인 폭력에 호소했는데, 이 정당들의 군사력은 귀족에 의해(예를 들면 교황당원[31]의 경우에는 고정된 헌금으로) 마련되었다. 위그노파[32]와 가톨릭동맹,[33] 라운드헤즈[34]를 포함한 영국의 정당들, 대체로 프랑스혁명 이전의 정당들에 있는 모든 것은 한 명 또는 몇 명의 영웅을 위해 계급이나 신분 장벽에 구멍을 뚫는 카리스마의 흥분기에서 대부분 귀족

---

30 중세 말에 로마 교황과 신성로마제국의 황제가 대립했을 때 황제를 지지한 당파. 기벨린당Ghibellines이라고도 한다.

31 중세 말 로마 교황과 신성로마제국 황제 사이에서 교황을 지지한 세력. 겔프당Guelfi이라고도 한다.

32 위그노Huguenotten. 16세기부터 18세기까지의 프랑스 칼뱅파 신교도들. 이들은 성경에 대한 보다 직접적이고 개인적인 해석을 중시했으며, 로마 가톨릭의 종교의식, 성직 계급제도, 수도원 제도 등을 비판했다.

33 가톨릭 동맹Liga. 16세기 후반 프랑스에서 과격파 가톨릭이 결성한 동맹으로 이단의 박멸을 주장했다.

34 라운드헤즈Roundheads. 17세기 영국 청교도혁명기의 의회파. 이들의 대부분은 청교도주의를 신봉하는 중산층에 속했다.

이 이끄는 명사 단체로의 이행이라는 똑같은 전형적인 현상을 나타냈다. 19세기의 '부르주아' 정당들 역시—가장 급진적인 정당들도 예외 없이—언제나 명사 지배의 궤도에 들어섰다. 왜냐하면 명사들만이 국가 자체뿐만 아니라 정당도 보수를 받지 않고 운영할 수 있었기 때문이다. 물론 그들의 신분적, 경제적인 영향력 때문이기도 했다. 평원에서는 지주가 정당을 바꿀 때마다 그의 가산제 예속민뿐만 아니라—혁명의 격동기를 제외하면—농민들도 그를 따랐는데, 이것은 영국에서는 당연한 일이었으며 또한 나중에는 동프로이센에서도 [19세기의] 70년대까지는 거의 당연한 것으로 받아들여졌다. 도시, 적어도 소도시에서는 시장 이외에 판사, 공증인, 변호사, 목사, 교사, (노동자가 계급으로 조직화되기 전에는 종종) 제조업자도 거의 비슷한 역할을 했다. 이 제조업자들이—그들의 계급 상황은 제쳐놓더라도—왜 이역할에 상대적으로 적합하지 않은지는 다른 문맥에서 논의할 것이다. 독일에서 교사는—직업의 '신분' 상황에 의해 주어진 이유에서—전형적인 '부르주아' 정당이 무보수 선거운동원으로 마음대로 쓸 수 있는 계층이다. 이는 권위주의적인 정당이 (보통) 성직자들을 마음대로 쓰는 것과 똑같다. 프랑스에서는 예전부터 부르주아 정당들이 변호사들을 일부는 이들의 기술적인 자격 때문에, 일부는—대혁명 시기에 또 그 후에—이들의 신분 상황 때문에 마음대로 이용했다.

프랑스대혁명 때의 몇몇 정당 조직은 수명이 너무 짧아 명확한 구조를 발전시키지 못했다. 그러나 그것들은 처음으로 관료제식으로 형성되는 조짐을 조금 나타냈으며, 19세기 말에는 이러한 정당 조직들이 어디에서나 우위를 차지하기 시작했다. 한편으로는 카리스마에의 복종과 다른 한편으로는 명사 집단에의 순종 사이에서 오락가락하다가 이제는 관료제 조직과 카리스마를 지닌 정당 지도자 사이에 투쟁이 일어난다. 관료제화가 진행되면 진행될수록, 그리고 직접적이거나 간접적인 봉록 이익과 기회가 정당의 운영과 크게 관련되면 관련될수록 정당 운영은 더욱더 확실하게 경영 '전문가들'의 수중에 들어간다 (이들은 곧 공식적인 당 관료로 나타나거나, 아니면 처음에는 미국의 보스처럼 자유로운 기업가로 나타날 수 있다). 지역 유지, 선거운동원, 회계 감사관 그 밖의 필수적인 인사들과 체계적으로 연관된 인적 관계, 명단과 서류 그리고 (당 기구를 이끌어가는 데 필요한) 다른 모든 자료는 이들의 수중에 있기 때문이다. 그러므로 정당의 입장에 대해 성공적으로 영향을 미치는 것과 경우에 따라서는 정당으로부터의 성공적으로 분리하는 것도 그러한 기구의 장악을 통해서만 실행될 수 있다. 리케르트[35] 의원이 지역 유지 명단을 갖고 있었기 때문에 '분당'이 가능했다. 오이겐 리히터[36]와 리케르트가 각각 자신의 특별 기구를 지녔기 때문에, 자유민주당[37]의 분열이 예상되었다. 그리고 '이전의 국민자유당원들'이 당 운영 위원회를 장악했다는 사실은 이전의 모든 소문보다 더 진지한 실제적인 분열 의도의 징후였다.[38] 반대로 정당 통합의 모든 시

---

35 하인리히 에드윈 리케르트Heinrich Edwin Rickert(1833~1902). 독일의 언론인이자 자유주의 정치가. 철학자 하인리히 리케르트의 아버지이다.

36 오이겐 리히터Eugen Richter(1838~1906). 독일의 자유주의 정치인.

37 독일자유민주당Deutsche Freisinnige Partei. 제정 시대 때 존재한 자유주의 정당(1884년에 창설되었으며 1893년에 해체되었다).

38 1880년 비스마르크의 관세 인상 정책에 반대한 리케르트 의원은 이에 동조한 국민자유당을 탈당해 좌파 자유주의 경향의 진보당과 손을 잡고 자유민주당을 결성했다. 리

도는 실제적인 차이보다 경쟁 기구의 인적 통합 불가능성 때문에 훨씬 더 많이 실패하곤 한다. 독일의 경험도 그러한 사실을 예증했다.

다소 일관성 있게 발전해온 이 관료제 기구가 이제는 통상적인 시기에 결정적으로 중요한 후보자 문제를 포함해서 당의 입장을 결정한다. 그러나 북미의 정당들처럼 매우 엄격하게 관료제적인 조직 안에서조차—지난 [1912년의 미국] 대통령 선거운동이 보여준 바와 같이—굉장한 격동기에는 때때로 카리스마적 지도 유형이 항상 다시 발전한다. '영웅'은—그가 등장한다면—국민투표에 의한 지명 형식을 강제한다. 그는 경우에 따라서는 지명 기구 전체를 개조해서 정당 기술자의 지배를 부숴버리려고 시도한다. 이 같은 카리스마의 등장은 당연히 평상시에 지배하는 직업 정치인 기구의 반발, 특히 지휘와 자금을 관장하고 정당의 기능을 작동시키는 보스들의 반발에 부딪힌다. 그리고 후보자들은 흔히 이 보스들의 꼭두각시이다. 왜냐하면 정당이 후보자를 선택하는 데에는 관직 사냥꾼들의 물질적 이익만 관련되어 있지 않기 때문이다. 정당 후원자들(은행가, 납품업자, 트러스트[39] 이해관계자)의 물질적 이익도 당연히 이 후보자 문제와 매우 깊이 관련되어 있다. 개별적인 경우에 카리스마를 지닌 정당 지도자에게 자금을 대는 거액 헌금자는 그 정당 지도자가 선거에서 이길 때마다 국가 주문, 조세 계약, 독점권 또는 그 밖의 특권, 무엇보다도 적절한 이자

케르트는 당권에 도전했지만 리히터의 반격으로 실패했다. 국민자유당Nationalliberale Partei(NLP)은 1867년부터 1918년까지 존재한 독일제국의 자유주의 정당이다.

39 트러스트trust. 기업합동 또는 기업합병이라고도 한다. 카르텔보다 강력한 기업집중 형태로서 시장독점을 위해 각 기업체가 개개의 독립성을 상실하고 합동하는 것을 말한다.

지불로 자신이 낸 선불금을 환불해줄 것 등을 기대하는데, 이런 거액 헌금자가 크라수스[40] 시대 이래로 전형적인 인물이었다. 그러나 다른 한편에서는 정식의 당 운영이 정당 후원자들에 의해 유지된다. 정당의 정식 수입(즉 당원들의 회비 그리고―미국처럼―정당에 의해 관직을 얻은 자들의 봉급에서 나올 수 있는 상납금)으로는 충분하지 않다. 정당의 권력 지위를 직접 경제적으로 이용하는 것은 참여자들을 부유하게 해주지만 정당의 금고 자체를 채워주지는 못한다. 당원의 회비는 종종―선전을 위해서―완전히 폐지되거나 [후원자들의] 자기 판단에 맡긴다. 이로 인해서 거액 헌금자들은 형식적으로라도 당 재정의 지배자가 된다. 그러나 정식의 당 운영자와 직업 정치인, 보스나 당 서기가 그들의 돈을 기대할 수 있는 경우는 그 자신이 당 기구를 확고하게 장악했을 때뿐이다. 따라서 카리스마의 등장은 정규적인 당 운영을 위협한다. 그렇기 때문에 서로 싸우는 보스들이나 경쟁하는 정당들의 그 밖의 지도자들이―정식의 당 운영 메커니즘에서 독립된 카리스마적 지도자의 대두를 막고 공동의 사업 이익을 위해―서로 제휴하는 것은 드문 광경이 아니다. 대체로 당의 운영진은 이 카리스마 거세에 쉽게 성공한다. 미국에서는 국민투표에 의한 카리스마적인 '대통령 예비선거'가 실시되는 경우에도 그 일에 항상 성공한다. 전문가에 의한 운영의 지속성 자체가 전술적으로는 결국 감정적인 영웅 숭배보다 더 낫

---

40 마르쿠스 리키니우스 크라수스Marcus Licinius Crasus(기원전 115~기원전 53). 로마공화정 말기의 정치가이자 장군. 기원전 72년에 스파르타쿠스 반란을 진압하고 콘술(집정관)에 취임했다.

기 때문이다. 비정상적인 조건만이 카리스마가 당 조직을 압도하게 해줄 수 있다. 카리스마와 당 관료 간의 이 특이한 관계가 제1차 아일랜드 자치 법안의 제출[41] 때 영국의 자유당[42]을 분열시켰다는 사실은 잘 알려져 있다. 글래드스턴[43]의 아주 개인적인 카리스마는 청교도의 합리주의로는 저항하기 어려울 정도였기 때문에, 그는 당 간부 회의라는 관료 기구로 하여금—극도의 실제적인 거부감과 불리한 선거 예상에도 불구하고—무조건 다수파를 대상으로 해서 자신을 지지하도록 했다. 이것은 체임벌린[44]이 만든 기구의 분열과 불리한 선거 전망을 초래했다. 이와 비슷한 일이 작년[1912]에 미국에서 일어났다.

 카리스마가 당의 관료 기구와 싸우게 되는 빈도는 당의 일반적인 성격과 무관하지 않을 수 있다는 것을 인정해야 한다. 당의 일반적인 성격이 '정견이 없는',—말하자면 각각의 선거전 성격에 따라 당의 강령을 임기응변적으로 만드는—단순한 관직 사냥꾼들의 추종자 정당인지, 주로 순전히 신분상의 명사 정당이나 계급 정당인지, 아니면 이념적인 '강령' 정당이나 '세계관 정당' 성격을 강하게 유지하는지에 따라 (이러한 구분은 물론 언제나 상대적이지만) 카리스마의 기회는 매

---

41 아일랜드 자치 문제는 1870년경부터 영국 정계에서 쟁점이 되었다. 제1차 아일랜드 자치 법안은 1886년에 제출되었는데, 이 법안은 하원에서 부결되었다.

42 자유당Liberal Party. 1830년경에 결성되었지만 1856년에 정식으로 발족되었다. 1886년 아일랜드 문제로 분열되면서 당세가 약화되었다.

43 윌리엄 글래드스턴William Ewart Gladstone(1809~1898). 영국의 정치가. 수상을 4회 역임했다.

44 조지프 체임벌린Joseph Chamberlain(1836~1914). 영국의 정치가. 아일랜드 문제로 글래드스턴과 대립해 자유당을 탈당하고 자유통일당을 결성했다.

우 다양하다. 어떤 점에서는 맨 먼저 언급한 성격이 우세할 경우에 카리스마의 기회가 가장 크다. 이 첫 번째 성격은 영향력 있는 사람들에게—다른 사정이 같은 경우에는—독일의 정당들(특히 언제나 확고한 '강령'과 '세계관'을 지닌 자유주의 정당들)보다 필요한 추종자들을 훨씬 더 쉽게 얻게 해준다. 이 자유주의 정당들이 순간적인 선동 기회에 의지한다는 것은 매번 파국을 의미할 수 있다. 그러나 이에 대해서는 일반적인 것을 말할 수 없다. 게다가 당 기구의 '자율성'과 구체적인 경제적 및 사회적 조건은 개별적인 경우에 너무 긴밀하게 결합되어 작용한다.

(7) 카리스마적 지배구조와 공동생활의 지속적인 조직

이 예들이 보여주는 것처럼, 카리스마적 지배는 결코 원시적인 발전 단계에만 있는 것이 아니다. 그리고 일반적으로 지배의 세 가지 기본 유형은 하나의 발전 노선에서 단순히 차례차례 생겨나는 것이 아니라, 서로 아주 다양하게 결합되어 나타날 수 있다. 그러나 제도상의 지속적인 조직이 점점 더 발전하면 뒤로 물러서는 것이 카리스마의 운명이다. 우리가 아는 한, 사회생활의 초기에 가정경제의 전통적인 수요 충족 영역을 벗어난 공동행위는 모두 카리스마적 지배구조를 지녔다. 원시인은 외부에서 자신의 삶을 결정하는 모든 영향력을 특수한 힘의 작용으로 보았다. 즉 사물(생물이든 비생물이든)과 인간(살아 있는 인간이든 죽은 인간이든)에 내재하면서 이 사물과 인간에게—이익을 얻거나 손해를 입힐—능력을 주는 특수한 힘의 작용으로 보았다. 원시민족의 자연 우화나 동물우화를 포함해 이들의 개념 장치는 모두 그러한 전제에서 출발한다. 마나,[45] 오렌다,[46] 그리고 이와 비슷한 것의 개념들은—인류학은 이 개념들의 의미를 가르쳐주고 있다—그런 특수한 힘을 가리킨다. 이 힘의 '초자연성'은 전적으로 다음과 같은 점에 있기 때문이다. 즉 그 힘은 누구나 사용할 수 있는 것이 아니라 그것의 인격적인 또는 물적인 소유자와 연결되어 있다는 것이다. 주술 능력이나 영웅 자질은 그런 특수한 힘의 아주 중요한 경우에 불과하다.

일상의 궤도에서 벗어나는 사건은 모두 카리스마적인 권력을 갑자기 생겨나게 하며, 모든 비범한 능력은 카리스마에 대한 믿음을 활활 타오르게 한다. 그렇지만 이 믿음은 그 후 일상으로 돌아오면 다시 의미를 잃어버린다. 보통 때는 촌장의 권력이 아주 미약하며 거의 중재판정인이나 대표자에 불과하다. 일반적으로 공동체 구성원들은 촌장을 파면할 수 있는 실제적인 권리가 자신들에게 있다고 생각하지 않는다. 왜냐하면 그의 권력은 카리스마에 근거한 것이지 선출에 근거한 것이 아니기 때문이다. 그러나 사람들은 경우에 따라서는 그를 주저 없이 버리고 다른 곳으로 이주한다. 게르만 부족에서는 왕에게 카리스마 자질이 부족하면 이런 식으로 상태를 억제하는 것은 혁신의 불확실한 결과가 두려워 실제적인 관습을 아무 생각 없이 유지하는 것에 의해서만 가능한데, 이러한 무정부 상태가 원시공동체의 거의

---

45 마나Mana. 멜라네시아(오스트레일리아 북부와 서부 태평양의 섬들의 총칭) 일대의 원시종교에서 볼 수 있는 비인격적인 초자연력.

46 오렌다orenda. 북미 이로쿼이족(뉴욕주에 살았던 인디언)이 만물에 존재한다고 믿었던 신비의 힘.

정상적인 상태라고 볼 수 있다. 그리고 주술사의 사회적 영향력도 보통 평상시에는 마찬가지로 약한 상태에 있다.

그러나 모든 특별한 사건(대규모 사냥, 가문 또는 악령의 분노에 의한 다른 측면에서의 위협, 그렇지만 무엇보다도 전쟁의 위험)은 곧 영웅이나 주술사의 카리스마가 발휘되게 한다. 카리스마를 지닌 사냥 지휘자나 전쟁 지도자는 종종 특별한 인물로서 평소 주로 경제 기능 외에 중재 판정인 기능도 담당하는 추장과 어깨를 나란히 한다. 신이나 악령의 영향력이 지속적인 숭배 대상이 되면, 카리스마를 지닌 예언자나 주술사는 사제가 된다. 전쟁 상태가 만성적이 되고 전쟁 수행의 기술 발전이 방어 능력을 갖춘 군대의 체계적인 훈련과 징집을 필요로 한다면, 카리스마를 지닌 군대 지도자가 왕이 된다. 프랑크족[47]의 국왕 관료들, 즉 백작과 사케바로[48]는 본래 군사나 재무 관료였다. 다른 모든 것, 특히 사법 관료는 나중에 추가되었다. 이 직책은 처음에는 카리스마를 지닌 나이 든 민간 중재 판정인에게 완전히 맡겨졌다. 지속적인 조직으로서 전쟁 제후가 등장해 지속적인 기구를 갖추게 되면, 이는 촌장에 비해 왕권이나 국가라는 개념과 적절하게 연결된 결정적인 걸음을 의미했다. 그는 때로는 마을이나 마르크 공동체의 공동경제나 경제통제를 위해 경제 기능을 더 많이 담당하기도 했고, 때로는 주술적인 (종교나 의료) 기능을 더 많이 담당하기도 했으며, 때로는 재판관

47　프랑크Frank족. 민족 대이동기에 갈리아를 중심으로 부족 연합국가를 형성한 게르만족의 일파로 그 국가가 프랑크왕국이다.

48　사케바로sakebaro. 서프랑크 국왕의 관료.

(본래는 중재 판정인) 기능을 더 많이 담당하기도 했다. 이에 반해 니체의 생각에 의지해서, 왕권이나 국가를 승리한 부족이 다른 부족을 굴복시켜 복종과 납세 의무를 강요하기 위해 지속적인 기구를 만든 것에서 비롯되었다고 보는 견해는 자의적이다. 왜냐하면 방어 능력이 있기 때문에 세금을 내지 않는 전사들과 방어 능력이 없기 때문에 납세 의무가 있는 비전투원들의 바로 이 분화는—반드시 비전투원들이 세습 통치자에게 의지하는 형태로는 아니지만 매우 빈번하게는 그런 일이 없어도—만성적으로 전쟁 위협을 받는 부족 안에서도 매우 쉽게 발전될 수 있기 때문이다. 그 다음에는 추장의 측근들이 군사 조합으로 뭉쳐 정치적 지배를 행사할 수 있으며, 이렇게 해서 봉건적 특색을 지닌 귀족이 생겨난다. 그렇지 않으면 추장은 수행원들을 점점 더 많이 고용할 수 있다. 처음에는 약탈 원정을 하기 위해서, 나중에는 자기 민족을 지배하기 위해서다. 이에 대해서도 사례들이 있다. 옳은 것은 다음과 같은 사실뿐이다. 정상적인 왕권은 지속적인 조직이 된 카리스마적 전쟁 제후이며, 무장하지 않은 피정복자들을 순치시키기 위한 지배 기구를 갖추었다. 물론 이 기구는 아주 자연스럽게 외국의 정복지에서 대단히 강력하게 발전했다. 그곳에서는 지배 계층에 대한 위협이 끊임없이 반복되었기 때문이다. 노르만족[49] 국가들, 특히 영국이 서양에서 실제로 중앙집권화되고 기술적으로도 고도로 발전한 행정을 지닌 유일한 봉건국가였다는 것은 우연이 아니다. 아랍, 사

---

49 노르만족Normanne. 게르만족 중에서 덴마크, 스칸디나비아 지방을 원주지原住地로 하는 일파.

산왕조,[50] 터키 등 전사 국가들의 경우도 똑같다. 이 전사 국가들은 정복지에서 가장 강력하게 조직되었기 때문이다. 게다가 교권제 권력의 영역에서도 아주 똑같다. 가톨릭교회의 엄격하게 조직된 중앙집권화는 서양의 선교 지역에서 발전했으며, [프랑스]대혁명으로 인해 역사적으로 중요한 교회의 지방 권력이 붕괴되면서 절정에 도달했다. 교회는 '전투하는 교회ecclesia militans'로서 기술적인 기구를 만들었다. 그러나 왕권이나 고위 사제의 권력 자체는 정복이나 선교 없이도 존재했으며, 이 권력의 결정적인 특징은 지배의 제도적인 지속성, 말하자면 지속적인 지배 기구의 존재였다(이 지배 기구가 관료제 성격을 지녔든 가산제나 봉건제 성격을 지녔든 상관없다).[50]

(8) 카리스마의 '객관화', 가문이나 씨족 카리스마, '족벌 국가', 장자상속권

지금까지는 카리스마의 일상화가 가져올 수 있는 결과를 고찰했다. 이때 우리는 구체적인 인물과 밀접하게 결합된 카리스마의 성격은 건드리지 않았다. 그렇지만 이제는 카리스마의 독특한 객관화가 공통된 특징인 현상에 주의를 기울여야 한다. 이때에는 엄격하게 개인적인 은총이 ① 양도할 수 있는 자질이 되거나, ② 개인적으로 획득할 수 있는 자질이 되거나, ③ 인물 자체와 결합되지 않고 어떤 직위의 점유자나 또는 누구이든 간에 상관없이 제도적인 조직과 결합된 자질이 된다. 이때에도 여전히 카리스마라고 말해도 정당한 것은 오

---

50   사산Sasan 왕조(226~651). 고대 이란 왕조.

직 비범한 것의 성격(즉 누구나 이용할 수 없는 것, 카리스마에 복종하는 자들의 자질에 비해 원칙적으로 우위에 있는 것의 성격)이 언제나 남아 있다는 사실에 의해서다. 바로 이 때문에 카리스마가 사회적 기능을 수행할 수 있다. 그러나 카리스마가 일상생활의 한 요소가 되는 바로 이 형태, 즉 지속적인 조직으로 변한다는 것은 당연히 카리스마의 본질과 작용 방식이 매우 근본적으로 바뀐다는 것을 의미한다.

카리스마의 객관화에서 가장 흔하게 나타나는 것은 혈연을 통해 카리스마가 전승될 수 있다는 믿음이다. 그렇게 되면 카리스마의 영속화에 대한 제자나 추종자들의 갈망이나 카리스마에 복종하는 지지자 집단의 갈망은 아주 간단하게 충족될 것이다. 그렇지만 실제적인 개인 계승권 사상은 이것과는 거리가 멀다. 이 사상은 본래 가족공동체에도 결코 없었다. 계속 바뀌는 개인 대신에 간단하게 재산 소유자로서의 영속적인 가족공동체의 불멸성이 상속권을 대신 가졌다. 카리스마 계승의 경우에도 처음에는 다음과 같은 사실이 중요하다. 즉 카리스마는 틀림없이 주술적으로 은총을 받았다고 여겨지는 가족공동체나 씨족과 연결되어 있는데, 이는 카리스마 소유자가 그들 집단에서만 나올 수 있기 때문이다. 이러한 생각은 그 자체가 매우 명백하기 때문에, 왜 그렇게 생각하게 되었는가에 대해서는 결코 특별한 설명이 필요하지 않다. 이렇게 은총 받은 것으로 여겨지는 가문은 그로 인해 다른 모든 가문보다 막강해진다. 그리고 이 특수한―즉 자연적인 방식으로는 획득할 수 없는―(말하자면) 카리스마 자격에 대한 믿음은 어디에서나 왕이나 귀족의 권력이 발전하는 기반이었다. 왜냐하면 수장의 카리스마가 그의 가문과 연결되어 있는 것처럼, 제자나 수행원의 믿음도 그들의 가문과 연결되어 있기 때문이다.

(이른바) 일본의 카리스마적 지배자 진무천황[51]의 가문에서 갈라진 가계인 고베츠[52]는 항구적으로 은총을 받아 다른 가문들보다 우위를 차지했다. 이 다른 가문들 중에서는 신베츠[53](다시 말하면 지배자[진무천황]의 수행원 가문), (이른바) 그와 함께 이주해 온 외국 가족, 그리고 그에 의해서 추종자의 일원이 된 오랜 토착 가문들은 카리스마를 지닌 귀족을 형성했다. 이 귀족들이 행정 직책을 자기들끼리 나누어 가졌다. 무라지連와 오미臣, 이 두 씨족은 카리스마 순위에서 제일 앞에 있다. 게다가 다른 모든 씨족과 마찬가지로 이 두 씨족 내부에서도 가족공동체가 분열될 때 항상 똑같은 일이 반복된다. 씨족의 한 집은 큰 집으로 간주된다. 특히 오무라지大連와 오오미大臣는 씨족의 특별한 카리스마 소유자이다. 따라서 그들의 대표는 궁정에서나 정치 공동체 안에서 적절한 지위에 대한 권리를 요구한다. 아래로 말단 수공업자에 이르기까지 모든 직업 신분적인 분류는— 원칙이 완전히 실시되는 곳에서는, 적어도 이론상으로는— 특수한 카리스마를 특정한 씨족에 부여했으며 또한 씨족 대표권을 카리스마가 더 많이 있다고 인정받은 ('큰') 집에 부여한 것에 근거하고 있거나 근거한 것으로 여겨진다.

국가의 모든 정치적 구성은 혈족, 이들의 지지자 및 영토 소유 상태에 따라 이루어진 것이다. 이 순수한 상태의 '족벌 국가'는 그 어떠한

---

51 진무천황神武天皇. 일본 개국 신화의 주인공으로서 현 천황 가문의 조상으로 여겨지는 제1대 천황.

52 고베츠皇別. 일본의 황실에서 분가해 신하 신분으로 내려간 씨족들.

53 신베츠神別. 천진신(하늘의 신)과 국진신(지상의 신)의 자손.

종류의 봉토 국가, 가산제 국가나 세습 관료의 관직 국가와도—역사의 현실에서는 그 과도기가 매우 유동적이지만—유형으로서는 엄격하게 구분되어야 한다. 왜냐하면 자신들의 임무에 대해 각각의 혈족이 지닌 권리의 '정당성' 근거는 재산이나 관직을 주는 것에 따른 개인적인 충성 관계가 아니라 각각의 가문에 내재하는 특별한 카리스마이기 때문이다. 이미 앞에서 언급한 것처럼, 이 상태에서 봉토 국가로 이행한—통치자 쪽의—동기는 한결같이 이 혈족들의 권리의 '고유한 정당성'에 종지부를 찍고 이 정당성을 수장 자신에게서 유래하는 봉토 정당성으로 대체하는 것이었다.

현실이 유형의 순수성과 완전히 일치하는지에 대해서는 여기에선 관심이 없다. 우리 목적에는 이 원칙이—발달된 형태로든 초보적인 형태로든 간에—아주 다양한 민족들에게서 반복되었다는 사실을 확인하는 것으로 충분하다. 게르만족의 고대뿐만 아니라 유사有史 고대의 지배구조(아테네의 에테오부타다이족[54]이 지닌 혈통 특권, 그리고 그 반대로는 살인죄에 의한 알크마이오니다이족[55]의 파문)에서도 그러한 원칙의 잔재를 찾아볼 수 있다.

물론 역사시대에는 가문이나 씨족 카리스마의 원칙이 일반적으로 훨씬 덜 일관되게 지켜졌다. 아주 원시적인 문화 단계뿐만 아니라 아주 고도의 문화 단계에서도 일반적으로는 정치 지배자 가문과 경우에 따라서는 매우 제한된 수의 막강한 혈족들의 카리스마적 특권만

---

54 에테오부타다이족Eteobutaden. 고대 아테네의 귀족 친족 집단.
55 알크마이오니다이족Alkmaioniden. 고대 아테네의 강력한 귀족 가문.

이 존재했다. 원시시대에 주술사, 기우사祈雨師, 주술 치료사, 사제 등의 카리스마가―이것이 동일한 인물의 정치 지배권과 하나로 통일되어 있지 않다면―가문의 카리스마와 연결된 경우는 아주 드물었다. 정식의 제식이 발달하면서 특정한 사제층이 씨족 카리스마를 통해 귀족 가문과 결합되는 계기가 마련되었는데, 이 결합은 그 후 대단히 빈번했으며 다른 카리스마의 상속 가능성에도 도로 작용했다. 생리학적 혈연을 점점 더 중요하게 여기면서부터는 일반적으로 맨 먼저 조상의 신격화 과정이 시작되었다. 결국 이러한 발전이 거침없이 진척되면, 당시의 자신을 신격화하는 과정도 시작된다. 이 결과에 대해서는 앞으로도 계속 말해야 할 것이다.

그러나 단순한 씨족 카리스마 자체가 그 개인이 후계자로 분명하게 부름 받았다는 것을 보증하지 않는다. 그러기 위해서는 일정한 계승 절차가 필요하다. 그리고 이 계승 절차가 생겨나기 위해서는, 혈통의 카리스마적 의의 자체에 대한 믿음에 장자의 특수한 카리스마에 대한 또 하나의 믿음이 추가되어야 한다. 왜냐하면 동양에서 종종 볼 수 있는 장자상속권을 포함해 다른 모든 제도는 궁정 음모나 궁정 혁명을 유발하기 때문이다. 특히 일부다처제가 지배할 때는 수장이 자기 자식을 위해 어쩌면 있을지도 모를 다른 왕위 계승자를 없애고 싶어 할 뿐만 아니라, 부인들이 자기 자녀의 승계를 위해 서로 싸우기도 한다. 봉토 국가에서는 장자상속권이라는 단순한 원칙이 그들의 급부 제공 능력을 위해 상속되는 봉토의 분할을 제한하고는 했다. 이 원칙이 처음에는 봉토 소유자를 위해 발전되었지만, 나중에는 그로부터 소위 최고 지도자[영주]에게까지 확대되었다. 이러한 일은 서양에서 봉건화의 진척과 함께 일어났다. 동양의 특징을 지녔든 메로빙거 왕조[56]의 특징을 지녔든 간에 가산제 국가에서는 장자상속권 원칙의 타당성이 훨씬 더 불확실했다. 이 원칙이 없다면, 다음과 같은 대안이 있었다. 가산제 수장의 다른 모든 재산과 마찬가지로 정치권력의 상속 분할 또는 질서 정연한 방식에 따른 후계자의 선출인 신명재판(원시민족에서 흔히 볼 수 있는 아들들 간의 결투), 추첨 신탁(이것은 다시 말하면 실제로는 사제에 의한 선출을 의미한다. 여호수아[57] 이후 유대인에게서 볼 수 있다), 또는 마지막으로 정기적인 형태의 카리스마적 지배자 임명인 예비선거에 의한 자격 있는 자 선출과 추종자나 대중에 의한 찬동이 그것이다. 물론 이런 경우 이 방식은 이중 선출이나 내분의 위험을 다른 경우보다 더 많이 지녔다. 그러나 어느 경우든 단 하나의 정당한 결혼 형태로서 일부일처제의 지배는 군주 권력을 질서 정연하게 존속시키는 가장 중요한 기반 중 하나였으며, 동양의 사정과는 달리 서양의 군주제에 유용했다. 그러나 동양의 사정에서는 왕위 교체가 임박했거나 있을 수 있는 경우 그러한 생각만으로도 행정 전체를 긴장시켰다. 왕위 교체는 그때마다 국가 제도의 파국 가능성을 수반했기 때문이다.

대체로 카리스마의 세습 가능성에 대한 믿음은 아주 큰 '우연성'이 지배 체제의 존속과 구조 안으로 가져온 조건 중의 하나인데, 이는 세습 원칙이 다른 형태의 후계자 지명과 경쟁할 수 있을 때 더욱 그렇

---

56 메로빙거Merovinger왕조(476~750). 최초의 프랑스 왕가로 여겨지는 프랑크족 왕조.
57 여호수아Joshua. 모세가 죽기 전에 후계자로 지명되어 이스라엘인들을 이끌고 가나안에 들어갔다.

다. 무함마드는 남자 후손 없이 죽었으며, 그의 추종자들은 칼리프 지
위의 근거를 세습 카리스마에 놓지 못했다. 정말이지, 그의 추종자들
이 옴미아드[58] 왕조 시대에 칼리프의 지위를 직접 반反신정정치적으로
발전시킨 것은 이슬람교의 구조에 아주 깊은 영향을 남겼다. 알리[59]가
의 세습 카리스마를 인정하고 '이맘'[60]의 무오류 교사 권위를 받아들
이는 시아파[61]가 전통과 '이드쉬마idschmà'(신도 총회)에 기초한 정통 수
니파[62]와 매우 날카롭게 대립하는 것은 우선적으로 지배자 자격에 대
한 이러한 차이 때문이다. 예수의 가족은 처음부터 공동체에서 중요
한 지위에 있지 못했는데, 이것은 분명히 별 어려움 없이 이루어졌다.
독일의 카롤링거가家[63]가 몰락한 다음에는 그 뒤를 이은 왕족들이 몰
락했는데, 이때에는 거의 언제나 세습 카리스마가 제후들의 공동 결
정권 요구를 제압할 정도로 막강한 힘을 지녔을지도 모른다. 어쨌든
그들의 몰락은 프랑스와 영국의 왕권 강화와는 달리 독일의 왕권 쇠
퇴에 대단히 큰 영향을 미쳤으며, 추측컨대 역사적으로는 알렉산더[64]

---

58 옴미아드Omajjaden왕조(661~750). 서아시아, 북아프리카, 에스파냐를 지배한 이슬람
    왕조.
59 알리Ali ibn Abi Talib(601~661). 무함마드의 사촌 동생으로 이슬람교의 초기 지도자이자
    제4대 칼리프.
60 이맘Imâm. 이슬람교 교단 조직의 지도자를 가리키는 하나의 직명.
61 시아파Schîtismus. 무함마드의 사촌 동생 알리를 예언자 자리를 잇는 자로 받드는 이슬
    람교 분파의 총칭. 현재 시아파 신자는 이슬람교 신자 전체의 약 10퍼센트이다.
62 수니파Sunnitismus. 이슬람교의 소위 정통파로 이슬람교도의 압도적 다수를 이룬다. 코
    란과 수나(관행)를 기초로 삼았다.
63 카롤링거Karolinger가(751~987). 메로빙거 왕가에 이어 프랑크 왕국의 후반을 지배한
    왕가.
64 알렉산더Alexander(기원전 356~기원전 323). 마케도니아의 왕. 그리스, 페르시아, 인도에

카리스마적 지배와 그 변형
101

가의 운명보다 훨씬 더 중요한 결과를 지녔을 것이다. 이와는 반대로 초기 300년 동안의 로마 황제들은 거의 예외 없이 혈연에 의해서가 아니라 양자 입양 형식의 후계자 지명을 통해 제위에 올랐다. 혈연에 의해서 제위에 부름 받은 자들 중 압도적인 다수는 권력을 약화시켰다. 이 상이한 결과는 분명히 한편으로는 봉건국가의 정치권력과 다른 한편으로는 점점 더 관료제에 의해 통치되는—그러나 이때에는 상비군과 장교들의 결정적인 역할에 의지하는—국가의 정치권력 간의 구조적인 차이와 관련이 있다. 여기에서는 이것을 자세히 추적하지 않겠다.

(9) 직위 카리스마

카리스마가 혈연과 연결되어 있다는 믿음이 일단 주어지면, 카리스마의 의미 전체가 역전된다. 원래는 자신의 행동으로 귀족이 되었지만, 그는 이제 선조의 행동을 통해서만 '정당화'된다. 로마에서는 귀족 신분을 부여하는 직위를 가진 사람이 귀족이 되는 것이 아니라, 선조가 귀족 관직을 가졌던 사람이 귀족이 되었다. 따라서 이렇게 한정된 관직 귀족들은 관직을 자기들끼리 독점하려고 애썼다. 이러한 발전, 즉 진정한 카리스마가 정반대 방향으로 나아가는 것은 어디에서나 똑같은 도식에 따라 진행되었다. 진짜 미국적(퓨리턴적)인 사고방식은 스스로 재산을 '모아' 자수성가한 사람은 카리스마 소유자로 찬양했고 단순한 '상속자'는 보잘것없는 사람으로 여겼지만, 이러한 감

이르는 대제국을 건설했다.

정은 지금 우리 눈앞에서 반대로 바뀌고 있다. (필그림 파더스,[65] 포카혼타스,[66] 니커보커스[67]의) 후손이나 일단 받아들여진 (상대적으로) '오래된' 부유한 가문의 일원만은 여전히 인정받았다. 귀족 명부의 폐쇄, 귀족 가문 증명서, 신흥 부자를 단지 '하류 신사'로만 용인하는 것 등 이러한 종류의 현상은 모두 한결같이 희귀성을 독점해 사회적 위세를 높이려는 노력의 산물이었다. 경제적인 동기는 직접적이든 간접적이든 간에 수입이 있는 국가 직책 독점이나 그때그때의 국가권력의 사회적 관계 독점에 작용할 뿐만 아니라, 무엇보다도 결혼 독점(귀족 신분은 부유한 여자 상속인의 손을 잡을 수 있는 우선적인 기회를 주며, 자기 딸의 손을 잡으려고 하는 수요를 증대시킨다) 에도 작용했다.

카리스마를 세습 재산으로 취급하는 것은 카리스마의 '객관화'를 나타내는데, 이 카리스마의 '객관화' 외에도 역사적으로 중요한 다른 종류들이 있다. 우선은 인위적인 (즉 주술에 의한) 전승 가능성이 피를 통한 전승을 대신할 수 있다. 주교 서품이라는 조치를 통한 사도'전승',[68] 사제 서품식을 통해 획득된 지워지지 않는 카리스마 자격, 왕의 대관식과 성유식의 의미, 원시민족이나 문화민족에게서 발견되는 그 밖의 수많은 유사한 절차들은 모두 그러한 전승 방식에 속한다. 실제

---

65 필그림 파더스Pilgrim Fathers. 1620년 신앙의 자유를 위해 신대륙으로 건너가 플리머스에 정착한 영국 청교도들.

66 포카혼타스Pocahontas. 인디언 추장의 딸로 영국인 개척자와 결혼했다.

67 니커보커스Knickerbockers. 지금의 뉴욕에 이주해 온 네덜란드 사람들.

68 사도전승apostolische Sukzession. 사제나 이와 비슷한 성직자는 예수의 사도들의 직계 또는 중단되지 않는 후계직이므로 사도의 권위를 갖고 있다는 것을 말한다.

로 중요한 것은 대부분 형식이 되어버린 상징 자체가 아니라 많은 경우 이 상징과 연결된 관념, 즉 **직위**(이것은 안수, 성유식 등에 의해 획득된다)의 소유 자체와 카리스마의 결합이다. 왜냐하면 여기에 카리스마가 **제도**로 전환되는 독특한 과정이 있기 때문이다. 지속적인 조직과 전통이 카리스마를 지닌 인물의 계시나 영웅성에 대한 믿음을 대신하기 때문에, 카리스마는 사회조직 자체로 고착된다.

초기 교회에서는 로마 주교(본래는 로마교회와 공동으로 이 로마 주교)의 지위가 본질적으로 카리스마적 성격을 지녔다. 이 교회는 매우 일찍 특수한 권위를 얻었기 때문에, 그리스 동방 제국의 지적 우월성에 빈번히 대항했다(그리스 동방 제국은 위대한 교부들을 거의 모두 배출했고 교의를 창안했으며 모든 공의회를 자신의 영토에서 열었다). 그러는 사이에 교회의 통일성은 확고한 믿음(즉 신은 바로 세계 수도의 교회가—이들의 아주 적은 지적 능력에도 불구하고—오류를 범하도록 내버려두지 않을 것이라는 확고한 믿음)을 기초로 해서 유지되었다. 이러한 권위야말로 다름 아닌 카리스마였다. 그 권위는 결코 구속력이 있는 '교사직'이라는 현대적인 의미에서의 우위를 나타내지 않았다. 또한 그 권위는 항소 관할 권한이라는 의미나 다방면에 걸쳐 지방 권력과 경쟁하는 주교 권한이라는 의미에서의 보편적인 사법권의 우위도 나타내지 않았다. 왜냐하면 그러한 관념들은 아직 발전되지 않았기 때문이다. 게다가 다른 모든 카리스마와 마찬가지로 이러한 카리스마도 처음에는 불안정한 은총으로 간주되었다. 적어도 로마 주교에게는 공의회의 파문이 충격을 주었다. 그러나 전체적으로 그러한 카리스마는 교회에 대한 신의 약속이라고 믿었다. 권력의 절정기에 있었던 인노첸시오 3세[69] 조차도 이 약속에 대한 아주 일반적이며 내용상 막연한 믿음을 받아들였을 뿐이다. 법적으로 관료제화되고 주지주의화된 근대 교회만이 그런 믿음에서 직위의 권한을 만들어냈으며, 이렇게 해서 모든 관료제의 특징처럼 ('교황의 권위에 의한') 직위와 사인을 구분했다.

직위 카리스마(사회제도 자체의 특수한 은총에 대한 믿음)는 결코 교회에만 고유한 현상이 아니며, 원시 상황에만 고유한 현상은 더욱더 아니다. 직위 카리스마는 현대의 사정에서도 권력에 굴복한 자들과 국가권력의 내적인 관계에서 정치적으로 중요한 방식으로 나타난다. 왜냐하면 권력에 굴복한 자들이 직위 카리스마에 대해 우호적으로 대하느냐 적대적으로 대하느냐에 따라, 이 관계는 매우 다를 수 있기 때문이다. 퓨리터니즘은 인간이 하는 모든 일에 대해 특별히 존경을 나타내지 않았으며 모든 피조물의 신격화를 거부했다. 이로 인해 퓨리터니즘이 지배하는 지역에서는 지상의 권력자에 대한 내적인 태도에서 카리스마적 지배에 대한 존경이 근절되었다. 모든 직무 수행은 다른 것과 마찬가지로 하나의 일business이다. 통치자와 그의 관료들은 다른 사람과 마찬가지로 죄인이며(코이퍼[70]에 의해 일관성 있게 강력하게 주장되었다), 다른 사람보다 더 현명하지 않다. 그들은 바로 신의 헤아릴 수 없는 뜻에 따라 우연히 그 자리에 앉은 것이며 이렇게 해서 법, 명령, 판단, 지시를 내릴 수 있는 권력을 부여받은 것이다. 물론 저

---

[69] 인노첸시오 3세Innocenz Ⅲ(1161~1216). 교황권 신장에 크게 공헌했으며 1198년부터 1216년까지 로마 교황으로 재위했다.
[70] 아브라함 코이퍼Abraham Kuyper(1837~1920). 네덜란드의 신학자이자 정치가.

주 표시를 지닌 자는 교회의 직책에서 물러나야 한다. 그러나 국가기구에서는 그런 원칙이 실행될 수 없다. 그 원칙은 없어도 된다. 세속의 권력자들이 직접 양심이나 신의 명예를 해치는 행동을 하지 않는한, 사람들은 그들의 권력을 받아들인다. 왜냐하면 권력자를 바꾸는것은 다른 사람(즉 마찬가지로 죄가 많고 마찬가지로 어리석은 사람)이 그를 대신하는 것에 불과하기 때문이다. 그러나 이 국가 관료들은 내적으로 구속력 있는 권위가 없다. 그들은 인간이 만들었으며 인간의 목적에 봉사하는 기구의 구성 요소에 지나지 않기 때문이다. 관직은 기능상의 필요 때문에 존재하며, 그 소유자의 위아래에 떠돌면서 그에게 존엄을 반사할 수 있는 것이 아니다. 보통의 독일인 감정에 따르면예를 들어 '왕립 지방법원 지원支院'조차 그러한 존엄을 지녔지만 말이다. 국가에 대한 자연주의적으로 합리적인 내적 태도나 내적 입장은—이런 태도나 입장은 경우에 따라서는 매우 보수적으로 또는 매우 혁명적으로 영향을 미칠 수 있었고 또 영향을 미쳤기 때문에—퓨리터니즘의 영향을 받은 세계 안에서 수많은 중요한 특성 중 하나의기본 조건이다. 관직, (초인간적인 것으로 생각되는) 관청 및 그 후광에 대한—예를 들면—보통 독일인의 근본적으로 전혀 다른 태도는 물론부분적으로는 루터교의 아주 구체적인 특성에 의해 야기된 것이다.그러나 그 태도는 또한 '신이 준 권위'라는 직위 카리스마를 권력자들에게 부여한 매우 일반적인 유형에 해당된다. 이러한 기반에서 성장한 순전히 감정적인 국가 형이상학은 정치적으로 광범위한 파급 효과를 지녔다.

퓨리턴의 직위 카리스마 배척과 정반대가 되는 것은 직위 카리스마와 개인의 품위를 엄격하게 구분하면서 사제의 인호를 내세우는 가톨릭 이론이다. 이것은 순전히 개인적인—개인의 검증을 통해 부여된—카리스마적 소명이 객관화되어 카리스마적 능력(주술 행위를 통해 직위 서열의 일원이 된 사람이면 누구나 지워지는 일 없이 갖추었으며, 그 소유자의 인격 가치에 상관없이 직위 메커니즘을 신성하게 하는 카리스마적 능력)으로 가장 철저하게 전환된 형태이다. 카리스마의 이러한 객관화는 어디에서나 주술 능력을 볼 수 있는 세계에 관료제 메커니즘을 이식하는 수단이었다. 그의 카리스마 자격이 의심스럽지 않아도 사제를 직접 완전히 쫓아낼 수 있을 때만, 교회의 관료제화가 가능했으며 또한 교회의 공공기관적 성격이 모든 개인적인 우연으로부터 카리스마의 가치를 보호할 수 있었다. 아직 부르주아가 되지 못한 인간은 현세의 세계뿐만 아니라 초현세의 세계에 대해서도 도덕주의적 고찰을 할 마음이 없었다. 게다가 그는 신이 선하지 않고 오로지 강하다고만 생각했으며 모든 동물이나 인간, 초인적인 존재에게도 주술 능력이 있다고 믿었다. 그렇기 때문에 이처럼 인간과 사물을 분리하는 사고방식은 널리 알려진 관념들과 전적으로 연결되어 있다. 그러한 사고방식만이 이 관념들을 압도적으로 이용해서 거대한 지배 구조 사상, 즉 관료제화를 촉진시켰기 때문이다.

(10) 카리스마를 지닌 왕권

제도의 카리스마적 정당화에 있어서 역사적으로 특히 중요한 예를 나타내는 것은 정치 카리스마의 발전, 즉 왕권의 발전이다.

왕은 어디에서나 우선적으로 전쟁 제후였다. 왕권은 카리스마적인 영웅 정신에서 성장했다. 문화민족의 역사에서 잘 알려진 모습을 보면 왕권은 발전사 관점에서 볼 때 가장 오래된 형태가 아니다. 다시 말하면 왕권은 가부장 권력을 능가하며 이곳과는 원칙적으로 구분되는 권력의 가장 오래된 형태가 아니다(왕권이 가부장 권력과 구분되는 이유는 왕권이 우선은 인간과 자연의 평화적인 투쟁을 지도하는 것에 헌신하는 권력이 아니라 인간 공동체 서로의 폭력 투쟁을 지도하는 권력이기 때문이다). 왕권의 선구자는 내외의 현저한 위기를 극복하거나 뛰어난 업적을 보증하는 모든 카리스마의 소유자들이었다. 왕권의 선구자인 초기의 추장은 여전히 이중적인 인물이었다. 한편으로는 위엄 있는 가장이나 족장이었으며, 또 다른 한편으로는 카리스마를 지닌 사냥이나 전쟁의 우두머리, 주술사, 기우사, 약술사, 말하자면 사제나 의술사, 마지막으로는 중재 판정인이었다. 항상 그런 것은 아니지만, 종종 이 카리스마적 기능들은 특출한 소유자들이 따로 있었으며, 따라서 그 기능들은 그들의 수만큼의 특수 카리스마로 분화되었다. 평화 시기의 추장(족장)은 가부장권에서 생겨났으며 본질적으로 경제 기능을 담당했는데, 이러한 추장 외에도 종종 사냥이나 전쟁을 담당한 추장이 있었다. 그렇지만 평화 시기의 추장과는 달리 사냥이나 전쟁을 담당한 추장은 자발적인 추종자들을 이끌고 혁혁한 승리나 노획을 이룩해 영웅적인 행위를 증명한 자였다(아시리아[71] 왕의 비문에는 죽인 적의 수, 이 죽은 적들에게서 벗겨낸 가죽으로 덮은 정복 지역의 도시 성곽 둘레의 길이, 사냥

---

71 아시리아Assyria. 메소포타미아 북부 지역에서 티그리스강 상류를 중심으로 번성한 고대국가. 기원전 19세기경에 건설되고 기원전 7세기에 멸망한 것으로 알려져 있다.

노획물, 건설 목적으로 가져온 레바논산 히말라야삼나무 목재의 수 등이 적혀 있다). 그런 경우에는 카리스마적 지위의 획득이 씨족이나 가족공동체 안에서의 지위에 관계없이, 대체로 그 어떤 종류의 규정도 없이 이루어졌다. 카리스마와 일상생활 사이의 이 이원론은 인디언들, 예를 들면 이로쿼이 연맹[72]뿐만 아니라 아프리카나 그 외의 지역에서도 매우 자주 볼 수 있었다.

전쟁이나 큰 짐승 사냥이 없는 곳에는 카리스마를 지닌 추장도 없다. 나는 평화 시기의 추장과의 혼동을 피하기 위해 그를 '제후Fürst'라고 부르고 싶다. 그런 경우 특히 말하자면 가뭄이나 질병과 같은 자연재해가 빈번하면, 카리스마가 있는 주술사도 본질적으로 비슷한 권력을 지닐 수 있다. 즉 그는 사제 제후Priesterfürst가 될 수 있다. 전쟁 제후의 카리스마는 그 효과나 필요에 따라 오르락내리락하며, 전쟁 상태가 만성화되면 지속적인 현상이 된다. 왕권이나 국가가 외부인이나 피정복자들을 자신의 공동체에 병합하거나 편입시키는 것에서 비롯되었다고 말할 수 있는가는 그 자체가 단순한 용어 문제이다. 그 외에도 우리는 '국가'라는 표현을 우리의 필요에 따라 목적에 맞게 아주 좁은 의미로 사용할 것이다.

확실한 것은 다음과 같은 사실이다. 즉 통례적인 현상으로서의 전쟁 제후의 존재는 한 부족이 다른 부족을 굴복시키는 것에도 개인적

---

72 이로쿼이 연맹Irokesenbunde. 북아메리카 인디언의 부족 연합체. 영국과 프랑스가 북아메리카에서 전쟁할 때, 모호크족, 오네이다족, 오논다가족, 카유가족, 세네카족이 연합해 영국의 동맹군으로 활약했다.

인 노예들의 존재에도 달려 있지 않고, 오로지 만성적인 전쟁 상태와 이를 고려해서 생긴 포괄적인 조직의 존속에만 달려 있다는 것이다. 또 다른 한편에서 올바른 사실은 다음과 같다. 즉 왕의 직업 전사라는 수행원들을 통해 노동 대중이나 납세 대중을 제압할 때 비로소 왕권이 적어도 정식의 국왕 통치로 발전하는 현상이 매우 빈번하게 나타났다는 것이다. 그렇지만 다른 부족을 폭력으로 굴복시키는 것이 그 발전의 절대적으로 불가결한 중간 항은 아닐 것이다. 카리스마를 지닌 전쟁 수행원들이 지배 카스트로 발전한 것에서 초래되는 내적인 계층화는 똑같은 사회분화를 동반할 수 있다. 그러나 어느 경우든 그들의 지배가 지속되는 즉시 제후의 권력과 그 이해관계자들, 즉 제후의 수행원들은 '정당성', 다시 말하면 카리스마적 사명을 부여받은 지배자라는 징표를 얻으려고 노력한다.

(11) 객관화된 카리스마의 획득 가능성. 카리스마 교육

카리스마적 능력은 처음에는 순전히 주술적인 방법으로 전승되지만, 일단 이 능력이 어떤 방법으로든 전승될 수 있는 물적 성질을 지닌 것이 되면, 그 능력은 은총(이것의 소유는 시험받고 증명될 수 있지만 공유되거나 습득할 수 없다)의 성격을 잃어버리고 원칙적으로는 획득할 수 있는 것이 된다. 따라서 카리스마적 능력은 **교육** 가능한 대상이 된다. 물론 그것은 적어도 처음에는 합리적으로나 경험적으로 가르치는 형태의 교육 대상이 아니었다. 영웅 정신이나 주술 능력은 우선 가르칠 수 있는 것으로 생각되지 않았다. 오히려 그러한 것들은 잠재적으로 있는 사람에게서만 인격 전체의 재생을 통해 깨어날 수 있다. 그러므로 재생, 이를 통한 카리스마 자질의 개발, 카리스마를 지닐 자격이 있는지의 시험 및 증명, 그리고 그런 자격이 있는 자의 선발이 카리스마 교육의 진정한 의미이다.[73] 주거 환경과 모든 자연적인 가족 유대 영향으로부터의 분리(원시민족의 경우 청년은 숲속으로 이주시켰다), 특수한 교육 공동체 가입(이것은 항상 있었다), 생활 태도 전체의 변화, 금욕, 황홀경이나 재생의 능력을 일깨우기 위한 다양한 형태의 육체적 및 정신적 훈련, 심리적 충격과 육체적 고문이나 훼손을 통해 그때마다 도달한 카리스마 완성 단계의 지속적인 확인(할례는 아마도 이 금욕 수단의 구성 요소로 제일 먼저 생겨났을 것이다), 마지막으로는 이미 증명된 카리스마 소유자들이 시험받은 자들을 단계적인 의식을 거쳐 받아들이는 것.

당연히 일정한 한계 안에서는 카리스마 교육과 전문교육의 대립이 유동적이다. 모든 카리스마 교육에는 어떤 전문교육 요소가 들어 있는데, 그 내용은 수련을 받는 자가 전쟁 영웅, 약술사, 기우사, 귀신을 쫓아내는 자, 사제, 법에 정통한 자 등 어떤 사람이 되느냐에 따라 각각 다르다. 이 경험적이며 전문적인 요소는—이 요소는 종종 위세와 독점을 위해 비밀 교의로 간주된다—직업 분화의 증대나 전문 지식의 확대와 함께 양적으로 늘어날 뿐만 아니라 합리적인 성질도 계속 증가한다. 결국 카리스마 능력을 일깨우고 시험하는 오래된 금욕 수단의 잔재로서 병영이나 학생 생활이라는 잘 알려진 미성년자 현상들이 본질적으로 전문적인 훈련의 세계에 남아 있다. 그러나 진정한

---

73 그 교육의 내용은 다음과 같은 것들이다.

카리스마 교육은 관료제가 요구하는 특수 전문교육과는 근본적으로 반대된다. 카리스마 재생에 초점을 맞춘 교육과 관료제의 전문 지식에 초점을 맞춘 합리적인 교육 사이에는 앞에서 말한 의미에서의 '교화(외적 및 내적 생활 태도의 변화)'에 초점을 맞춘 모든 종류의 교육이 있다. 이런 교육은 카리스마 교육에 처음부터 있었던 비합리적인 수단을 단지 잔재로만 간직하고 있으며, 그 가장 중요한 예는 예전부터 전사나 사제의 양성이었다. 전사나 사제 양성을 위한 교육도 본래는 무엇보다도 카리스마를 지닐 자격이 있는 자의 선발이었다. 전사 교육의 영웅 시험에 합격하지 못한 자는 '여자'로 남아 있었는데, 이는 주술에 의해 고무될 수 없는 자가 '속인'으로 남아 있는 것과 같다. 자격 요건은 우리에게 잘 알려진 도식에 따라 추종자들의 이해관계로 인해 강력하게 유지되거나 강화되었다. 추종자들은 똑같은 시험을 통과한 사람들만 지배 위세와 물질적 혜택에 참여할 수 있게 해야 한다고 수장에게 압력을 가했기 때문이다.

이처럼 발전 과정에서 본래의 카리스마 교육은 형식적으로는 국가나 교회의 제도가 될 수 있으며, 또는 하나의 조합으로 결합한 이해관계자들의 형식상 자유로운 창의에 맡길 수 있다. 그 발전이 어느 길로 접어드는가는 아주 다양한 사정에 달려 있다. 특히 서로 경쟁하는 여러 카리스마적 권력의 세력 관계에 달려 있다. 공동체 안에서 군사 기사 교육이 얼마만큼 보편적인 의의를 갖느냐 또는 사제 교육이 얼마만큼 보편적인 의의를 갖느냐 하는 물음도 특히 그렇다. **기사** 교육과는 달리 바로 **교회** 교육의 **정신주의**가 이 교회 교육을 쉽게 **합리적인** 교육이 되게 한다. 사제, 기우사, 약술사, 샤먼, 회교 수도 단체의 승려,

수도사, 종교 가수와 종교 무용수, 서기와 법률에 정통한 자가 되는 교육과 마찬가지로 기사나 전사가 되는 교육도 아주 다양한 형태를 취하지만 결국은 언제나 비슷하다. 그렇게 육성된 교육 공동체들의 영향력은 서로의 관계에서 상이할 뿐이다. 이 영향력은 (나중에 논의하게 될) 제권imperium과 교권sacerdotium[74]의 상호적인 권력관계에 달려 있을 뿐만 아니라, 우선 군 복무가 그렇게 해서 특별한 자격을 지닌 계층의 의무로서 어느 정도로 사회적 명예 성격을 지니는지에도 달려 있다. 그런 의무가 존재하는 곳에서만, 그러나 그런 경우에는 어디에서나 군국주의가 독자적인 교육을 발전시킨다. 하지만 반대로 전형적인 성직자 교육의 발전은 흔히 지배—우선은 종교 지배—의 관료제화에 달려 있다.

개인에 대한 체육 및 음악 훈련은 그리스 문화의 기초를 이루었다. 이러한 훈련의 구성 요소는 그리스 청년[75]인데, 이것은 전 세계에 확산된 군사교육 현상의 특수한 경우에 불과하다. 무엇보다도 성년식, 즉 영웅 재생을 위한 준비, 남성 동맹에의 입회 및 공동의 전사 숙소(일종의 원시적인 병영이다. 왜냐하면 이것은 원래 슈르츠[76]가 정성을 다해 찾아낸 남자의 집이기 때문이다)에의 입소가 이것에 속한다. 그것들은 속인 교육이다. 전사 종족이 교육을 지배한다. 정치 공동체의 구성원이 더

---

74 제권과 교권. 중세 기독교 세계의 두 영역, 즉 세속 영역과 정신 및 종교 영역을 각각 지배하는 권위와 권력. 제권의 최고 권력자는 황제이고 교권의 최고 권위자는 교황이다.

75 청년Ephebie. 18~20세 사이의 남성.

76 슈르츠Heinrich Schurtz(1863~1903). 독일의 민족학자이자 역사가.

이상 우선적으로 전사가 아니고 또 전쟁 상태가 더 이상 정치적인 이웃 집단들 간의 만성적인 관계가 아닐 때는 언제나 이 제도가 붕괴한다. 또 다른 한편에서 교육의 광범위한 교권주의화의 예는 그야말로 관료제적인 이집트 국가 제도에서 성직자들이 지배하며 관료나 서기를 양성하는 것에서 볼 수 있다. 동양의 상당수의 다른 민족들에도 성직자 계급이 있었으며 또 남아 있었다. 이들만이 합리적인 교육제도를 발진시켰을 뿐만 아니라 국가가 필요로 하는 서기와 합리적인 사고 훈련을 받은 관료도 공급했기 때문이다. 따라서 성직자 계급은 관료 양성, 즉 교육 전반의 주역이기도 했다. 서양에서도 중세에는 교회와 수도원이 모든 종류의 합리적인 교육이 이루어지는 장소였기 때문에, 그곳에서의 교육은 매우 큰 의의를 지녔다. 그러나 교육의 교권주의화와는 반대되는 평형추가 순전히 관료제적인 이집트 국가 제도에는 없었으며, 동양의 다른 가산제 국가 교육은 특수한 기사 교육을 발전시키지 못했다(그렇게 하기 위한 신분적 기반이 없었기 때문이다). 그리고 마지막으로 완전히 탈정치화된—유대교당과 랍비들의 결속에 의지한—이스라엘인들은 엄격한 성직자 교육의 주된 유형을 발전시켰다. 이에 반해 서양의 중세에는 지배층의 봉건적 및 신분적 성격 때문에 성직자의 합리적 교육과 기사 교육의 병존, 대립, 공존이 존재했다. 이것은 중세의 서양인에게 또한 서양의 대학들에게도 특수한 성격을 주었다.

그리스 도시국가와 로마에는 국가 관료 기구만 없었던 것이 아니다. 교권주의 교육제도를 만들어낼 수 있었던 성직자의 관료 기구도 없었다. 호메로스Homeros는 신들을 아주 함부로 다루는 세속적인 귀족 사회의 문학적 산물인데, 그런 그가 문학 교육 수단의 절정에 있었다는 것(따라서 플라톤 같은 사람은 그에 대해서 깊은 증오심이 있었다)은 부분적으로는 종교 세력의 모든 신학적 합리화를 방해한 아주 중대한 우연에 불과했다. 결정적인 사실은 특히 성직자 교육제도가 대체로 없었다는 점이다.

마지막으로 중국에서 볼 수 있는 유교 합리주의의 특성(즉 유교의 인습주의와 이것을 교육의 기초로 받아들인 것)은 세속적인 가산제 관료층의 관료제적 합리화와 봉건 세력의 부재로 인해 생겨난 것이다.

(12) 카리스마 획득의 금권정치화

주술 카리스마를 얻기 위해서든 영웅 정신을 얻기 위해서든 간에 모든 종류의 교육은 소규모 조합원들의 임무가 될 수 있다. 그럴 경우 여기에서 한편으로는 성직자들의 비밀결사가 형성될 수 있고, 다른 한편으로는 상류층의 귀족 클럽이 형성될 수 있다. 체계화된 지배에서—특히 서아프리카에서는 종종 비밀결사로 구성된—정치적 또는 주술적 조합을 통해 가끔 약탈하는 것에 이르기까지 생각할 수 있는 모든 단계가 있다. 그리고 클럽이나 조합에서 발전한 저 모든 공동체에—그것들이 본래 전사 수행원들에서 발전했든 방어 능력 시험을 통과한 남성 동맹체에서 발전했든 간에—공통된 것은 순전히 경제 자격이 점점 더 많이 카리스마 자격을 대신하는 경향이다. 상당한 시간이 걸리지만 경제적으로는 직접 유용하지 않은 카리스마 교육을 젊은이가 받을 수 있으려면, 그 전제 조건은 그의 노동력이 가정경제에서 불필요하다는 것이었다. 그렇지만 경제 노동의 강도가 커지면서 그의 노동력이 점점 더 필요해졌다. 유복한 자들에 의한 이 카리스마 교육의 독점 증대는 인위적으로 더 강화되었다. 본래의 주술 또는 군사 기능이 쇠약해지면서 순수한 경제 측면이 점점 더 전면에 나타났다. 이 발전의 마지막 단계에 이르면 인도네시아의 여러 수준의 정치 '클럽'에서 볼 수 있듯이 사람들은 단순히 돈을 주고 자격을 얻는다. 원시 상황에서는 풍성한 향응을 베풀어 자격을 얻는다. 카리스마를 지닌 지배 계층이 순수한 금권 지배 계층으로 변하는 것은 언제나 군사적 또는 주술적 카리스마의 실제 중요성이 감소한 원시민족들에게서 전형적으로 나타나는 현상이다. 그렇다면 재산 자체가 반드시 귀족이 되는 조건은 아니지만, 재산이 있어야만 가능한 생활 방식은 귀족이 되는 조건이 된다. 중세에는 기사 생활이 무엇보다도 손님을 후대한다는 것도 의미했다. 수많은 부족의 경우 단순히 향응을 베풀기만 해도 추장이라고 불릴 자격을 얻었으며, 또 그런 식으로 해서 추장 자리를 유지했다. 이것은 언제나 쉽사리 이런 식으로 세금을 내는 귀족들의 빈곤화를 가져온 일종의 '노블레스 오블리주noblesse oblige'였다.

(13) 기존 질서의 카리스마적 정당화

지배가 지속적인 조직으로 굳어지면 창조적인 힘으로서의 카리스마는 쇠퇴한다. 선거나 이와 비슷한 때에는 예측할 수 없는 군중의 감정이 작용해 카리스마가 일시적으로 잠깐 되살아나지만, 그럼에도 불구하고 카리스마는 여전히—물론 아주 다른 의미에서—사회구조의 지극히 중요한 요소이다. 지금은 주로 카리스마의 일상화를 일으키는—이미 앞에서 언급한 바 있는—경제적인 원인으로 다시 돌아가야 한다. 기존의 정치, 사회 및 경제 질서에 의해서 특권을 누리는 계층이 자신들의 사회 및 경제 상태를 정당화할 필요성(다시 말하면, 순전히 실제적인 권력관계의 존속을 기득권의 질서로 변화시켜 신성화할 필요성). 이러한 이해관계는 지배구조 내부에서 객관화된 형태로 카리스마 요소를 유지하려는 가장 강력한 동기이다. 진정한 카리스마는—이것은 법질서나 전통 질서 그리고 기득권을 내세우지 않고 개인적인 영웅 정신이나 개인적인 계시의 정당화를 내세우기 때문에—그러한 동기와는 전적으로 대립된다. 그러나 초일상적이고 초자연적이며 신성한 힘으로서의 바로 그 성질이 일상화 이후에도 카리스마를 지닌 영웅의 후계자들에게는 지배권을 정당하게 획득할 수 있는 적절한 원천이 된다. 게다가 그러한 성질은 이 지배권이 보장해주는 권력과 재산을 소유한 사람들(말하자면 이들의 권력과 재산은 이 지배권의 존속에 달려 있다)에게 유리하게 작용한다. 그러나 한 통치자의 카리스마적 정당성이 표현될 수 있는 형태는 그가 초자연적인 힘과 어떤 관계에 있느냐에 따라 다르다. 카리스마적 정당성은 이 초자연적인 힘에 근거하기 때문이다.

통치자의 정당성 자체가 세습 카리스마를 통해 분명하게 확인될 수 없다면, 통치자는 카리스마가 있는 다른 권력을 통한 정당화가 필요했다. 그리고 이것은 보통 교권제에 의한 정당화일 수밖에 없었다. 이것은 바로 신의 현현을 나타내는 (따라서 최고도의 '독자적인 카리스마'를 소유한) 통치자에게도 해당되었다. 그가 자신의 행동으로 증명할 수 없는 한, 그러한 그의 주장은 신神 문제에 대해서 전문적으로 잘 아는 자들의 인정이 사실상 필요했다. 따라서 바로 이렇게 현현한 군주들은 이들의 정당성에 (바로 그들 다음으로) 물질적으로나 이념적으로 이해관계가 있는 자들—즉 궁정 관료나 성직자들—에 의해 기이한 방식으로 격리 수용되었다. 이 격리 수용 과정은 항구적인 궁정 감금이 되었으며, 심지어는 성년이 되면 살해로까지 이어질 수 있었다. 이는 그가 신성神性을 손상시킬 기회나 후견인의 감독으로부터 벗어날 기회를 갖지 못하게 하기 위해서였다. 그러나 일반적으로는—진정한 견해에 따르면—복종자들에 대해서 카리스마를 지닌 통치자가 져야 할 책임이 워낙 막중했기 때문에 지배자를 감독할 필요성이 생겨났다.

바로 그의 높은 카리스마 자격 때문에, 그러한 통치자는—오늘날에도 동방의 칼리프,[77] 술탄,[78] 샤[79]는 그렇게 한다—통치 행위(특히 실패했거나 인기 없는 통치 행위)에 대해서 책임을 떠맡는 인물이 몹시 필요했다. 이러한 사정이 그런 모든 제국에서 '재상'이라는 전통적인 특수한 지위의 기반이었다. 페르시아에서는 한 세대 전[1880년대]만 하더라도 재상을 없애고 샤 자신이 직접 주재하는 관료들의 전문 내각을 구성하려는 시도가 있었다. 그러나 그렇게 하면 샤 자신이 백성의 모든 고통과 행정의 모든 실책에 대해서 책임지는 행정 지도자라고 자처하는 것이 되었다. 이렇게 되면 샤 자신뿐만 아니라 '카리스마적' 정당성 자체에 대한 믿음마저 계속 심하게 상처를 입게 될 것이다. 따라서 재상을 다시 내세워 그의 책임으로 샤와 샤의 카리스마를 비호하

---

77 칼리프Kalif. 이슬람 제국의 최고 통치권자.
78 술탄Sultan. 이슬람 국가에서 정치 지배자인 군주를 가리키는 말.
79 샤Schah. 페르시아, 이란의 통치자.

지 않을 수 없었다.

　동양의 이 재상은 서양, 특히 의회제 국가에서는 내각책임제의 수상 지위에 해당된다. "왕은 군림하되 통치하지 않는다"라는 문구, 왕은 그의 지위의 품위를 위해서 대신이라는 외피를 통하지 않고는 대중 앞에 나타나서는 안 된다는 이론, 더 나아가서 그는 자신의 품위를 위해서 관료제의 전문가들이 이끄는 정상적인 행정에 직접 관여해서는 안 되며 내각의 직책을 차지한 정당 지도자들에게 행정을 맡겨야 한다는 이론은 신격화된 가산제 지배자가 전통과 의례에 정통한 자들(성직자, 궁정 관료, 고위 고관)에게 포위되는 것과 완전히 일치한다. 카리스마 자체의 사회학적 성질도—당연히 궁정 관료나 정당 지도자 그리고 이들을 추종하는 자들의 이해관계와 마찬가지로—이 모든 경우에서 한몫 거들고 있다. 의회제의 왕은 힘이 없음에도 불구하고 보존되고 있다. 왜냐하면 무엇보다도 그의 존재 자체에 의해서 그리고 권력이 '그의 이름으로' 행사된다는 점에 의해서 그는 자신의 카리스마의 힘으로 현존하는 사회질서와 소유 질서의 **정당성**을 보증할 뿐만 아니라, 이 질서에 의해 관계가 있는 자들은 그가 제거되면 이 질서의 '합법성'에 대한 믿음이 흔들릴지 모른다고 두려워하기도 하기 때문이다. 승리한 정당의 행정행위를 '합법적인' 행위로 '정당화하는' 기능은 일정한 규정에 따라 선출된 대통령도 순전히 형식상으로는 수행할 수 있다. 그렇지만 의회제의 군주는 선출된 대통령이 수행할 수 없는 또 하나의 기능을 수행한다. 군주는 공식적으로는 다음과 같이 함으로써, 즉 국가의 최고 지위는 그가 확고하게 차지하는 것을 통해서 정치인들의 권력 투쟁을 제한한다. 이 마지막—본질적으로는 소극적인―기능은 일정한 규정에 따라 부름 받은 왕의 존재 자체에 부여되었는데, 이 기능이 아마도―순전히 정치적으로 고찰하면―실제로는 가장 중요한 기능일 것이다. 적극적인 방향으로 전환해서 전형적으로 사용될 경우, 그 기능은 왕이 권리(특권의 왕정)에 의해서가 아니라 뛰어난 개인적인 능력이나 사회적인 영향력을 통해서만 정치권력에 적극적으로 참여(영향력의 왕정)할 수 있다는 것을 의미한다. 그런데 최근의 사건이나 인물들이 보여준 것처럼, 왕은 그러한 경우 '의회의 지배'에도 불구하고 실제로는 영향력을 행사할 수 있다. 영국 '의회제'의 왕권은 정치적으로 유능한 군주가 실질적인 권력에 접근하는 것을 제한할 수 있게 한다. 왜냐하면 부당하게 국내외 문제에 개입하거나 자신의 재능이나 명망에 어울리지 않는 요구를 할 경우 왕은 왕관을 잃어버릴 수 있기 때문이다. 이런 한에서는 영국 '의회제'의 왕권이 어쨌든 유럽 대륙의 공식적인 왕권보다 훨씬 더 진정한 '카리스마' 형태를 취하고 있다. 유럽 대륙의 군주제는 바보든 정치 천재든 상관없이 단지 상속권 때문에 통치자가 되겠다고 요구하는 자에게 권력을 주기 때문이다.

3. 지배 형태의 규율화와 객관화

(1) 규율의 의미

카리스마가 사회적 행위를 하는 지속적인 조직에 흘러 들어가면, 그 힘이 전통의 힘이나 합리적인 결사체의 힘에 완전히 눌려 약해지는 것이 카리스마의 운명이다. 카리스마의 쇠퇴는—전체적으로 보면—개인 행위의 영향력이 줄어든다는 것을 뜻한다. 그러나 개인 행위의 영향력을 감소시키는 모든 힘 중에서 가장 강력한 것은 합리적인 **규율**이다. 이 합리적인 규율은 개인적인 카리스마뿐만 아니 신분 집단들의 명예에 따른 구분도 없애버리거나 이들의 활동을 합리적인 방향으로 전환시키는 힘이기 때문이다. 그것은 내용상으로는 받은 명령을 철저하게 합리적으로—말하자면 계획적으로 훈련을 받아 정확하게 또 모든 개인적인 비판을 무조건 무시하며—수행하는 것 외에 다름 아니다. 그러므로 합리적인 규율은 이러한 목적만을 생각하며 끊임없이 내적으로 준비하는 것이다. 이러한 특징에 또 하나의 특징이 추가되는데, 그것은 명령 받은 행위의 획일성이다. 이 획일성의 특수한 효과는 **집단** 조직의 사회적 행위라는 성질에 기인한다. 이 경우 복종하는 자들이 반드시 한 장소에 모여 동시에 순종하거나 양적으로 특별히 큰 집단일 필요는 결코 없다. 결정적인 것은 다수의 인간이 복종할 때 나타나는 합리적인 획일화이다. 규율 자체가 카리스마나 신분상의 명예와 대립하지는 않는다. 오히려 양적으로 큰 지역이나 조직을 지배하고 싶은 신분 집단은—예를 들면 베네치아의 시의회 귀족, 스파르타 시민권을 가진 도리스인, 파라과이의 예수회 또는 그 정점에 군주가 있는 현대의 장교단처럼—자기 집단 내부에서의 아주 철저한 규율을 통해서만 복종자들에게 확실하면서도 빈틈없는 우위성을 내세울 수 있다. 그뿐만 아니라 복종자들의 '맹목적인' 순종도 마찬가지로 바로 규율에 따르도록 교육시킬 때만 이들에게 '습득시킬' 수 있다. 어쨌든 신분 집단의 위세나 생활 방식을 판에 박은 듯이 유지하고 보호하는 것이 이처럼 규율에 근거해서만 아주 의식적이며 합리적으로 **바랄 수 있는 것**이 된다면, 이것은—여기에서는 논하지 않겠다—그러한 집단에게 어떤 식으로든 영향 받은 모든 문화 내용에 역으로 영향을 미친다. 마찬가지로 카리스마를 지닌 영웅도 '규율'을 자신을 위해 이용할 수 있으며 또 자신의 지배를 양적으로 확대하고 싶으면 이 규율을 이용해야 한다. 나폴레옹은 프랑스를 위해 엄격한 규율의 조직을 만들어냈는데, 이 조직은 오늘날에도 여전히 영향을 미치고 있다.

일반적으로 '규율'은 특히 이것의 가장 합리적인 산물인 '관료제'와 마찬가지로 '객관적인 것Sachliches'이다. 따라서 관료제를 이용할 생각을 하거나 그것을 만들어낼 줄 아는 모든 권력은 규율의 확고부동한 '객관성'을 이용한다. 그렇다고 해서 규율 자체의 내적인 본질이 카리스마나 신분적인 명예, 특히 봉건적인 명예와 이상할 정도로 대립하는 것을 막지 못한다. 광적인 분노의 발작에 사로잡힌 난폭자나 사적인 명예를 얻기 위해서—마찬가지로 영웅 명예심이 두드러진—개인적인 적과 겨루고 싶어하는 기사는 다같이 규율과는 거리가 멀다. 전자는 그의 행위의 비합리성 때문이며, 후자는 그의 내적인 입장의 부적절함 때문이다. 규율은 개인적인 영웅 황홀경, 외경심, 개인으로서의 지도자에 대한 열광적인 감격과 헌신, 명예 숭배, 하나의 '기술'로서의 개인적인 수행 능력의 보호 대신에, '연습'을 통해 기계화된 숙달 '훈련'과—그리고 규율이 '윤리적인' 성격이라는 강력한 동기에 호소하는 한—'의무'나 '양심'의 훈련을 전제로 한다(크롬웰의 말로 하면, '명예인' 대 '양심인'이다). 그러나 이 모든 것은 똑같이 훈련된 다수의 육체적 및 심리적 추진력을—합리적으로 계산할 때—가장 효과적인 것이 되게 한다. 물론 열정과 무조건적인 헌신이 규율에 없는 것은 아니다. 오히려 근대의 모든 전쟁 수행은 바로 부대의 수행 능력 중 '사기' 요소를 종종 다른 모든 것보다 더 많이 고려한다. 근대의 전쟁 수행에서는 모든 종류의 감정 수단을 동원해 (이것의 성질은 가장 세련된 종교 훈련 수단인 예수회의 정신 훈련과 완전히 같다) 병사가 지휘관의 의지에 '감정이입'하도록 '고취'시킨다. 더 나아가서는 병사를 그렇게 '교육' 시켜서 전투에 영향을 미치려고 한다. 그러나 사회학적으로 결정적인 점은 첫째, 이 경우 모든 것, 게다가 바로 이 '계측할 수 없고' 비합리적인 감정 요소도—적어도 원칙상으로는 석탄이나 광물의 매장량을 계산하는 것처럼—합리적으로 계산된다는 사실이다. 둘째, 헌신은—매혹적인 지도자의 구체적인 경우에는 '개인적인' 색채가 강하더라도—그것이 노린 목적이나 정상적인 내용에 따라 '객관적인' 성격을 지녔다는 (즉 한 개인 자체에 대한 헌신이 아니라 공동의 '일', 합리적으로 추구된 '성과'에 대한 헌신을 의미한다는) 사실이다. 노예 소유자의 지배권이 규율을 만들어낸 곳(농장 경영이나 고대 동방의 노예 군대, 고대와 중세에 노예나 죄수로 움직인 갤리선)에서만은 사정이 달랐다. 이런 경우에는 사실 개인을 기계적으로 훈련시켜 이탈하지 않고 '함께하도록' 강제하는 메커니즘에 적응시키는 것(이 메커니즘은 개개인을 틀 속에 끼워 넣어, 말하자면 '강제로' 전체에 적응시킨다)이 특히 절도 있게 수행된 전쟁에서도 모든 규율이 잘 발휘되도록 하는 강력한 요소이자 유일하게 효과 있는 요소이다. 그러므로 의무와 양심이라는 '윤리적인' 자질이 뿌리박지 못한 곳이면 어디나 이것이 '증류 찌꺼기caput mortuum'로 남아 있다.

(2) 전쟁에서의 규율의 기원

규율과 개인 카리스마 간의 투쟁은 변화가 심했는데, 이 투쟁의 고전적인 무대는 **전쟁 수행** 기구의 발전에서 찾을 수 있다. 물론 이 영역에서의 투쟁은 어느 정도 순전히 전쟁 기술로 결정된다. 그러나 무기의 종류(창, 칼, 활)가 무조건 결정적인 것은 아니다. 왜냐하면 이런 무기들은 모두 규율이 엄격한 전투에도 개인의 싸움에도 사용될 수 있기 때문이다. 그러나 근동과 서양의 역사시대가 시작될 무렵에는 말의 수입과―어느 정도인지는 확실하지 않지만―모든 면에서 신기원을 이룩한 도구 금속인 철의 우세가 결정적인 역할을 했다. 말은 전차와 (이것을 끌고 전쟁터에 나가 개인적으로 싸우는) 용사를 등장시켰는데, 이 용사는 동방과 인도, 고대 중국의 왕이 수행하는 전쟁에서 또 켈트족[80]과 아일랜드를 포함해 후대에 이르기까지 서양 전체에서 눈에 띄는 인물이었다. 기병 부대는 전차보다 나중에 등장했지만 더 오래 살아남았다. 기병 부대를 통해서 '기사', 즉 페르시아의 기사, 테살리아[81]의 기사, 아테네의 기사, 로마의 기사, 켈트족의 기사, 게르만족의 기사가 생겨났다. 이에 반해 보병은 확실히 이전부터 규율이 상당히 강화되는 방향으로 나가는 데 중요한 역할을 했음에도 불구하고, 보병의 중요성은 오랫동안 상당히 후퇴했다. 물론 철로 만든 근거리 무기가 구리로 만든 투창을 대신한 것도 아마 이 흐름의 방향을 다시

---

80 켈트족Kelte. 원래는 프랑스 남부 지방에 살던 유목 민족으로 흰 피부에 금발이 많고 키가 크며 인도 유럽어를 사용한 종족의 일파.
81 테살리아Thessalia. 그리스 중북부에 있는 지방.

반대로 돌린 요인 중 하나였을 것이다. 그러나 중세에 화약 자체가 급격한 변화를 일으키지 못한 것처럼, 철 자체도 변화를 가져오지 못했다(왜냐하면 원거리 무기와 기사의 무기도 철로 만들어졌기 때문이다). 그리스와 로마의 중무장 보병들이 변화를 가져왔다. 종종 인용되는 구절을 보면 이미 호메로스는 규율이 혼란스러운 싸움을 금지하는 것에서 시작되었다는 것을 알고 있었다. 그리고 로마에서 — 개인적인 결투 때 오래된 영웅 행위 방식에 따라 적의 총사령관을 때려 죽였기 때문에 — 집정관의 아들이 사형에 처해졌다는 전설은 커다란 전환을 상징했다. 처음에는 스파르타의 잘 훈련된 직업군인 군대가, 그다음에는 보이오티아의 잘 훈련된 신성한 부대Lochos가, 그다음에는 마케도니아의 잘 훈련된 밀집 방진의 장검 부대가, 그다음에는 로마의 잘 훈련된 기동력 있는 중대 전술이 페르시아의 기사, 그리스와 이탈리아의 시민병, 야만족의 민중 군대보다 우위를 차지했다. 그리스의 중무장 보병도 초기에는 장거리 무기를 '국제법상' 기사도에 어긋난다고 해서 제외하려는 조짐을 나타냈다(마찬가지로 중세에는 석궁을 금지하려고 시도했다).

　이것을 보면, 무기의 종류는 규율화의 원인이 아니라 그 결과였다는 것을 알 수 있다. 고대에는 어디에서나 보병의 근접전 전술만을 중시했기 때문에 기병 부대가 몰락했으며, 로마에서는 '기사 등록'이 실제로는 병역 면제와 똑같은 의미가 되는 결과를 초래했다. 중세 말에 기사 계급의 전쟁 독점을 처음으로 깨뜨린 것은 스위스의 소규모 부대와 이것의 병렬 및 직렬 전개였다(물론 스위스는 외곽에 있는 '창병'과 함께 부대가 밀집해 전진하고 나면 도끼칼로 무장한 병사들로 하여금 부대를 떠나 영웅적인 전투를 벌이도록 했다). 이것은 처음에는 기사의 개인적인 결투 방식을 없애는 것 이상의 일을 하지 못했다. 기병 부대 자체는—물론 점점 더 규율이 강화되는 형태로—16세기와 17세기의 전투에서도 여전히 아주 결정적인 역할을 했다. 예를 들면 영국 내전[82]의 진행이 보여준 것처럼, 공격전과 적의 실제적인 제압은 여전히 기병 부대 없이는 불가능했다.

그러나 전쟁의 변화를 맨 먼저 일으킨 것은 화약이 아니라 규율이었다. 모든 '신분적' 특권(예를 들면 그때까지 특권 계급은 용병을 내세우고 자신들은—'노예노동'으로서의—토목 일에 나서지 않았다)을 벗어버리고 근대적으로 훈련받은 군대의 하나가 오라네왕가 마우리츠[83] 치하의 네덜란드 군대였다. 크롬웰이 저돌적이며 용감한 기병 부대를 누르고 승리한 것은 냉정하고 합리적인 퓨리탄적 규율 덕분이었다. 크롬웰의 '철기병', 즉 '양심적인 인간들'은 밀집 대형으로 신속하게 전진해 조용히 사격하고 치거나 찔러 박살냈다. 이들은 공격 성과를 얻으면—주된 차이점은 여기에 있었다—밀집 대형을 그대로 유지하거나 즉시 재정비했기 때문에, 기병 부대의 돌진을 기술적으로 능가했다. 왜냐하면 기병 부대는 질주에 도취해 행해진 공격이 끝나면 제멋대로 흩어져서 적의 진영을 약탈하거나 (인질의 몸값을 벌려고) 포로를 만드는 것이 그들의 습관이었는데, 이러한 습관이 모든 성과를 다시

---

82 영국 내전English Civil War(1642~1651). 청교도혁명 당시에 잉글랜드 왕국의 왕당파와 의회파 간에 있었던 내전.
83 마우리츠Maurits van Oranje(1567~1625). 네덜란드의 군인이자 정치가. 1588년 육해군 총사령관에 취임해 군사 제도와 장비의 개선에 힘썼다.

수포로 돌아가게 했기 때문이다. 고대와 중세에는 (예를 들면 탈리아코초[84] 전투에서) 종종 이것이 전형적인 경우였다. 화약이나 화약과 관련된 모든 전쟁 기술은 규율이 있을 때만, 또 규율을 전제로 한 군사력의 전체 범위 안에서만 의미가 있었다.

그 당시 군대 조직이 의지한 경제 기반은 규율의 발전 가능성에서 유일하게 결정적인 것은 아니지만, 그래도 매우 상당한 의미를 지녔다. 그렇지만 잘 훈련된 군대의 규율이 전쟁 수행에서 행한 다소간의 역할은 반대로 정치 및 사회 제도에 장기적으로 영향을 미쳤다. 그러나 이 영향은 분명하지 않다. 규율은 전쟁 수행의 기초로서 가부장제의—그렇지만 군사령관의 권한에 의해 (스파르타의 민선 장관[85]처럼) 헌법상 제약을 받는—줄루왕국[86]을 탄생시켰을 뿐만 아니라, 체육 도장을 갖춘 그리스의 도시국가도 탄생시켰다. 그리스의 도시국가는 보병 훈련이 최고로 완벽해지면(스파르타) '귀족제' 구조를 지녔으며, 반면에 해군이 규율을 갖추면(아테네) '민주제' 구조를 지녔다. 또한 규율은 그 성질이 매우 다른 스위스의 '민주정치'를 탄생시켰으며(용병 출정 시대에는 민주정치가 잘 알다시피—그리스식으로 말하면—'참정권 없는 자유 시민Periöken' 지역뿐만 아니라 농노Heloten 지역에도 통용되었다), 아울러

---

84 탈리아코초Taliacozzo. 이탈리아 중부에 있는 지역. 1268년 프랑스 왕 루이 9세의 동생 샤를 1세 당주는 교황의 지원을 받아 탈리아코초 전투에서 시칠리아의 왕 콘라딘(호엔슈타우펜왕조의 마지막 왕)을 포로로 잡으면서 결정적으로 승리했다.
85 민선 장관Ephor. 스파르타에서 매년 다섯 명씩 선출되었다.
86 줄루Zulu왕국. 남아프리카 공화국에 있던 왕국으로 19세기 후반 영국의 침략으로 영국의 식민지가 되었다.

로마의 명망가 지배와 마침내는 이집트, 아시리아, 근대 유럽의 관료제 국가 제도도 탄생시켰다.

이러한 예들이 보여주는 것처럼, 전쟁 규율은 전혀 상이한 경제 조건과도 조화를 이룰 수 있다. 그러나 그것은 언제나 국가 제도, 경제 제도, 경우에 따라서는 가족 제도에도 어떤 식으로든 영향을 미쳤다. 왜냐하면 완벽하게 훈련된 군대는 과거에는 부득이하게 '직업 군대'여서 전사의 식량 공급 방식이 언제나 근본적인 문제였기 때문이다. 언제라도 전투할 준비가 되어 있고 훈련을 시켜 규율이 잘 잡힌 군대를 만든 원초적인 형태는 이미 언급한 **전사 공산주의**였다. 이 전사 공산주의는 지구상에 가장 널리 퍼져 있는 '남자의 집'(일종의 직업군인 '병사兵舍' 또는 '집회소') 형태를 취할 수도 있었고, 리구리아의 해적들이 형성한 공산주의 조직 형태를 취할 수도 있었으며, '공동 식사' 원칙에 따라 조직된 스파르타의 큰 식당 형태, 오마르 칼리프의 조직 방식에 따른 형태, 중세의 종교적인 전사 교단 형태 등을 취할 수도 있었다. 전사 공동체는 이때—우리가 이미 앞에서 본 것처럼—완전히 자율적이며 외부에 대해서 폐쇄된 이익 사회단체 아니면 그것은—대체로 그렇듯이—제한된 지역 정치단체의 일부로서 이 단체의 질서에 편입될 수 있다(물론 사실상은 이 단체의 지배를 결정적으로 받을 수 있다). 따라서 이 전사 공동체의 충원도 그 단체의 질서에 구속받을 수 있다. 이러한 구속은 대개 상대적이다. 예를 들면 스파르타인들도 '혈통의 순수성'을 무조건 고집하지는 않았다. 군사교육(이에 대해서는 다른 문맥에서 논의할 것이다)에의 참가가 그곳에서도 결정적인 것이었다.

전사 동맹의 존재는 이런 조건에서 보면 승려의 존재와 완전히 짝을 이루었다. 승려가 승원에 머물며 공산주의 생활을 하는 것도 또한 내세의 구세주(그리고 그 결과로서 경우에 따라서는 현세의 구세주이기도 하다)를 섬기기 위해 규율을 갖춘다는 목적에 도움이 되었기 때문이다. 승려 교단과 정말 유사하게 만들어진 독신 기사 교단 외에도—제도가 완전히 발전한 경우에는—가족이나 사경제적인 특수 이해관계로부터의 분리가 종종 가족 관계의 완전한 제외로까지 이어졌다. 남자의 집에 입주한 자들은 처녀들을 사들이거나 납치했으며, 또는 점령지의 처녀들을—이들이 결혼을 위해 팔린 경우가 아니면—자기들 마음대로 하고 싶어 했다. 폴리네시아에서는 아리오이Arioi라는 지배신분 집단의 아이들이 죽임을 당했다. 남자는 '복무 기간'을 마친 다음에야 비로소, 말하자면 남자의 집에서 벗어난 다음 때로는 나이가 꽤 들어서야 비로소, 지속적으로 성관계를 맺으며 별도의 생계를 꾸리는 가정을 가질 수 있었다. 또한 많은 부족에서 성관계를 규제하는 데 중요한 것은 '연령층'에 따른 분류인데, 이러한 분류도 군사 제도의 잔재일 뿐만 아니라, 공동체 내에 남아 있는 성적인 '동족 내 난혼'의 잔재 또는 아직 정혼자가 없는 처녀에 대한 모든 남자 전사의—종종 '원시적인 것'으로 여겨진—'권리 요구권'의 잔재, 그리고 소위 '가장 오래된' '결혼' 형태인 여성 납치와 특히 '모권母權'도 대부분의 경우—만성적인 전투 상태에서는 매우 널리 퍼져 있는—군사 제도의 잔재일 것이다. 그러한 군사 제도는 전사가 집에 없거나 가족을 잃은 상태를 일으켰기 때문이다.

이 공산주의 전사 공동체는 아마도 어디에서나 카리스마를 지닌 전쟁 제후 추종자들의 증류 찌꺼기caput mortuum일 것이다. 이 추종자들은 서로 '제휴'해서 지속적인 제도를 이루고 이제 이 제도가 평화 시기에도 존속되면, 전쟁 제후는 몰락한다. 물론 상황이 유리한 경우에는 전쟁 제후 자신이 규율을 갖춘 전사 단체의 확고한 수장으로 성장할 수 있다. 따라서 군사 제도의 기반인 '오이코스'[87]는 여자, 전투를 할 수 없는 사람 및 경우에 따라서는 노예의 공납이나 전리품으로 유지되는 전사 공산주의와 극단적으로 대조적인 모습을 보여준다. 한 수장에 의해 그의 비축물로 부양되고 장비를 갖추었으며 또한 그의 지휘를 받는 가산제 군대는—특히 이집트인들은 이러한 군대를 잘 알고 있었지만, 그러한 군대는 다른 종류의 군사 제도에도 단편적으로 매우 널리 퍼져 있었다—전제적인 제후 권력의 기반을 이루었다. 이와는 반대되는 현상, 즉 무제한적인 지배 권력으로부터 전사 공동체의 해방(스파르타는 민선 장관의 임명을 통해서 이것을 보여주었다)은 규율에의 관심이 허용하는 한에서만 가능했다. 따라서 그리스의 도시국가에서는 일반적으로 왕권의 약화(다시 말하면 규율의 약화)가 평화 시기와 본국에서만 (로마 관직법의 기술적인 표현에 따르면 '전시militiae'가 아니라 '평시domi'에) 진행되었다. 스파르타인들에게서는 왕의 통치권이 평화 시기에만 영豪에 가까웠다. 싸움터에서는 왕이 규율을 위해 전권을 가졌다.

반면에 규율의 전면적인 약화는—그 정도는 경우에 따라 매우 상이하긴 하지만—분권화된 군사 조직(녹을 받는 성직자의 군사 조직이든 봉건적인 군사 조직이든 간에)을 수반하곤 한다. 잘 훈련된 스파르타 군

---

87 오이코스Oikos. 지배자의 폐쇄적인 자급자족경제.

대, 다른 그리스 국가나 마케도니아 및 많은 동방의 군사 제도, 터키의 성직자록 봉토, 마지막으로 일본 및 서양의 중세의 봉토는 경제 분권화의 본격적인 단계이다. 경제 분권화는 흔히 규율의 약화나 개인적인 영웅 정신이 갖는 중요성의 상승과 함께 나타난다. 봉신은 스스로 장비와 식량을 조달하고 보급대를 갖출 뿐만 아니라 또한 마찬가지로 스스로 필요한 것을 마련하는 하급 가신도 동원하는 영주이다. 그런데 이러한 봉신은 경제 관점에서 고찰했을 때와 마찬가지로 규율 관점에서도 가산제나 관료제의 병사와 가장 크게 반대되는 모습을 나타낸다. 그러므로 규율 측면은 경제 측면의 결과이다. 이에 반해 중세 말기와 근세 초기에 창궐한 용병 대장에 의한 용병 군대의—전체적으로든 부분적으로든—사유 자본주의를 통한 조달뿐만 아니라 정치권력에 의한 상비군의 공公경제적 징집이나 조달도 전쟁 수행 수단이 점점 더 군사 지도자의 수중에 집중되는 것에 기초해 규율이 증대된다는 것을 뜻한다. 오라녜왕가의 마우리츠부터 발렌슈타인,[88] 구스타프 아돌프,[89] 크롬웰, 프랑스 군대, 프리드리히대왕[90]의 군대, 마리아 테레지아[91]의 군대에 이르기까지 군대 수요 충족의 점점 더 증대하는 합리화, 직업 군대에서 프랑스혁명에 의한 국민군으로의 이행,

---

88 발렌슈타인Albrecht Wallenstein(1583~1634). 독일 30년전쟁 때의 장군.

89 구스타프 아돌프Gustav Adolf(1594~1632). 스웨덴의 왕. 징병제로 강력한 국민군을 만들었다.

90 프리드리히대왕Friedrich der Große(1712~1786). 프로이센왕국의 제3대 국왕. 18세기 유럽의 대표적인 계몽 군주.

91 마리아 테레지아Maria Theresia(1717~1780). 18세기 유럽 최대의 왕조인 합스부르크가의 여성 통치자.

이 국민군을 나폴레옹이 (부분적인) 직업 군대로 재조직해 규율을 강화한 것, 마지막으로 19세기에 들어와 실시된 일반적인 병역 의무는 여기에서 자세히 서술할 수 없다. 이 같은 전체적인 발전은 결국 규율의 중요성이 커진 것을 의미하며, 마찬가지로 앞에서 언급한 경제 과정[92]의 철저한 진행도 분명하게 의미한다.

기계 전쟁 시대에도 일반적인 병역 의무의 전적인 지배가 여전히 결정적인 사실인지는 두고 볼 일이다. 예를 들어 영국 함대의 기록적인 사격 성과는 함포 전문 병사들의 일사불란함이 수년 동안 지속되면서 생겨난 것 같다. 특히—현재 물론 유럽에서는 중단된—복무 기간 단축 소송은 진행되어야 하겠지만, 몇몇 병과에서는 아마도 직업 군인이 전쟁 기술상 우위에 있을 것이라는 견해가—비전祕傳처럼 많은 장교들 사이에 널리 퍼져 있는 만큼—힘을 얻을 것이라는 사실은 아주 확실하다. 이미 프랑스의 3년 복무 의무 도입(1913)은 여기저기서—병과에 따른 분업화가 없기 때문에—'직업 군대'라는 다소 부적절한 슬로건에 자극받았다. 아직도 매우 애매한 이 가능성들과 또한 그 예상되는 정치적인 결과는 여기에서 논할 수 없다. 어쨌든 그것들 모두가 집단 규율의 극도의 중요성을 바꾸지는 못할 것이다. 여기에서 중요한 것은 다음과 같은 사실, 즉 전사와 전쟁 수행 수단이 분리되고 이 전쟁 수행 수단이 전쟁 지도자의 수중에 집중된 과정이—이 과정이 가산제적으로 이루어졌든 자본주의적으로 이루어졌든 관료제적으로 이루어졌든 간에—어디에서나 이 집단 규율의 전형적인 기

92　군사 조직의 기반이 사유 자본주의에서 공경제로 이행한 것.

반 중 하나였다는 사실을 확인하는 것이었다.

(3) 경제 대기업의 규율

그러나 군대의 규율은 일반적으로 규율의 모태이다. 규율의 두 번째로 큰 교육자는 **경제 대기업**이다. 파라오 시대의 작업장과 토목공사에서—그 조직에 대해서는 자세히 알려져 있지 않지만—카르타고나 로마의 대농장으로, 중세 후기의 광산으로, 식민지 경제의 노예농장으로, 마지막으로는 현대의 공장으로 직접 이어지는 역사적 이행은 결코 없지만, 이들에게 공통된 것은 바로 규율이다.

고대 농장의 노예들은 독신으로 재산 없이 살았으며 막사에서 잠을 잤다. (예를 들면 우리 나라의 하급 장교 숙소나 근대적인 대농장의 관리인 숙소와 같은) 개인 숙소를 가진 자는 관리들, 특히 빌리쿠스[93]뿐이었다. 다만 그는 또한—보통은—재산이나 마찬가지인 것(peculium. 원래는 가축 소유)을 가졌으며, 말하자면 결혼한 사이라고 할 수 있는 상태(동거 생활contubernium)에 있었다. 노동 노예들은 아침에 '분대decuriae'를 이루어서 감독의 지시에 따라 작업장에 나갔다. 그들의 생활 필수품은—막사 용어로 표현하면—'창고에' 보관되어 있었으며 필요에 따라 나누어 주었다. 병원과 감옥도 없지는 않았다. 중세나 근세의 부역영지의 규율은 본질적으로 느슨했다. 그것은 전통적으로 틀에 박힌 것이었기 때문이다. 따라서 그것은 아무튼 영주의 권력을 제한했다.

하지만 '군사 규율'이 고대의 농장에서 그랬던 것과 마찬가지로 현

---

93 빌리쿠스Villicus. 영주의 토지를 관리하는 대리인.

대 자본주의의 공장 경영에서도 이상적인 본보기라는 것은 특별한 증거를 필요로 하지 않을 만큼 확실하다. 그러나 농장과는 달리 기업의 규율은 여기에서는 완전히 합리성에 기초해 있다. 기업의 규율은 물적 생산 수단뿐만 아니라 개별 노동자의 최적 수익성도 점점 더 적절한 측정 수단을 사용해 계산한다. 이에 기초한 노동능력의 합리적인 훈련과 연습은 잘 알다시피 미국의 '과학적 관리' 체계에서 최고의 승리를 거두고 있다. 이 '과학적 관리' 체계가 그곳에서 기업의 기계화와 규율화의 최상급 결과를 얻기 때문이다. 이 경우 인간의 심신 기관은 외부 세계, 도구, 기계, 간단히 말해서 기능이 그에게 요구하는 것에 완전히 적응할 뿐만 아니라, 생체리듬도 떨쳐버린다. 그렇게 해서 인간의 심신 기관은 체력을 가장 적절하게 절약할 수 있도록 각각의 근육 기능을 계획적으로 분해하고 리듬을 새로 조정해서 노동조건에 맞춘다. 이 합리화 과정 전체는 다른 곳과 마찬가지로 여기에서도, 특히 국가의 관료제 기구에서도 물적 경영 수단이 수장의 처분권에 집중되는 것과 동시에 진행되고 있다.

그러므로 정치적 및 경제적 수요 충족의 합리화와 함께 규율화는 하나의 보편적인 현상으로 끊임없이 퍼져나가면서 카리스마와 개인마다 다른 행위의 의의를 점점 더 제한하고 있다.

옮긴이의 말

이 책은 독일의 사회학자 막스 베버가 카리스마(또는 카리스마적 지배)에 대해 쓴 네 개의 글을 우리말로 옮긴 것이다. 1장 〈카리스마적 지배〉는《경제와 사회 *Wirtschaft und Gesellschaft*》(J.C.B.Mohr, Tübingen, 1985, 5판) 제1부 〈사회학적 범주론〉의 3장 〈지배의 유형〉 4절 〈카리스마적 지배Charismatische Herrschaft〉(140~142쪽)를 번역한 것이며, 2장 〈카리스마의 일상화〉는 같은 책의 제1부 3장 5절 〈카리스마의 일상화Die Veralltäglichung des Charisma〉(142~148쪽)를, 3장 〈지배와는 거리가 먼 방향으로의 카리스마의 새로운 해석〉은 같은 책의 제1부 3장 7절 〈지배와는 거리가 먼 방향으로의 카리스마의 새로운 해석Die herrschaftsfremde Umdeutung des Charisma〉(155~158쪽)을 각각 번역한 것이다. 그리고 마지막의 4장 〈카리스마적 지배와 그 변형〉은 같은 책 제2부 9장 〈지배 사회학〉의 5절 〈카리스마적 지배와 그 변형Die charismatische Herrschaft und ihre Umbildung〉(654~687쪽)을 번역한 것이다. 잘 알려져 있는 바와 같이,《경제와 사회》는 베버 자신이 살았을 때 출간된 것이 아니라, 베버가 죽은 후 그의 아내 마리안네 베버Marianne Weber(1870~1954)가 유고를 모아 1922년에 출판한 책이다. 그리고 4판(1956)부터는 뮌헨대학교 사회학연구소의 명예교수인 요하네스 빙켈만Johannes Winckelmann(1900~1985)에 의해 새로 편집되어 나왔다.

오늘날 카리스마라는 말은 일반인에게도 더 이상 낯설지 않을 만큼 대중매체에서도 종종 등장하고 있다. 이렇게 된 것은 누구보다도 막스 베버 덕분이라고 말할 수 있다. 물론 그가 카리스마라는 개념을 만들어내지는 않았다. 하지만 그는 그 말을 처음에 쓰였던 영역을 넘어서 넓은 의미로 사용해 그 말이 대중화되는 데 일조했다. 카리스마라는 말은 본래 종교에서 유래한 것으로 '은총의 선물', 즉 신성한 권능을 부여받았다는 의미를 지녔다. 그러나 베버는 이 개념을 단순히 종교적인 의미로만 쓰지 않고 사회나 일반 개인들에게 신선한 자극을 주어 이들을 기존의 흐름과는 다른 방향으로 이끄는 자들을 가리키는 데에도 사용했다. 그는 예를 들면 정치인, 군인, 예술가 중에서도 대단히 뛰어난 성과를 이룬 비범한 사람들도 카리스마를 지닌 인물로 묘사했다.

베버의 공적은 여기에 그치지 않는다. 베버는 지도자 개인의 사적인 재능만을 강조하지 않고, 지도자에 대한 추종자들의 믿음과 헌신적인 태도에도 주목했다. 카리스마적 지배가 지닌 정당성의 근거는 지도자가 탁월한 능력을 발휘하는 것뿐만 아니라 추종자들이 그를 지도자로 받아들이는 것에도 있다고 베버는 보았다. 추종자들의 인정, 즉 지도자의 능력을 확인하고 그의 인격을 신뢰하는 것에서 생겨난 자유로운 인정이 카리스마의 유효성을 결정한다고 베버는 말했는데, 이는 지배 현상에 대한 이해의 폭을 넓혀준 중요한 지적이다.

그런데 카리스마를 지닌 지도자의 출현은 오늘날 드물게 일어나는 사건일 뿐만 아니라 다소간 고풍스러운 현상이라고 볼 수도 있을 것이다. 카리스마적 지배는 과거의 전근대적인 사회에 적합하며, 따라서 현대의 대중 정치사회에서는 순전히 일화적인 흥밋거리에 불과하다고 생각하는 사람들이 있을지도 모른다. 사실 많은 학자들은 민주주의가 확대되면 카리스마적 지도자가 사라질 것이라고 예상했다. 그렇지만 이러한 예상은 틀렸다는 것이 드러났다. 카리스마적 지배 현상은 오늘날에도 여전히 존재한다. 특히 경제 위기가 심할 때나 민주주의 제도가 정착되지 못한 국가가 독재로 회귀할 때, 종종 카리스마적 지도자가 나타나는 경우를 우리는 볼 수 있기 때문이다.

베버의 카리스마적 지배 이론은 무엇보다도 불안정한 정치 상황에서 강력한 지도자가 출현하는 현상을 이해하고 분석하는 데 유용한 도구로서 세계적으로 많은 학자들의 관심을 받아 왔다. 민주주의 전통이 짧고 정치 변동이 심한 우리나라에서도 마찬가지였다. 여하튼 카리스마적 지배 이론은 연구자들 사이에서 상당히 흥미로운 연구 주제 중 하나로 지금까지 많은 인기를 누렸는데, 이러한 인기는 앞으로도 계속될 것으로 보인다.

2020년 11월

이상률

옮긴이 **이상률**

고려대학교 문과대학 사회학과와 같은 대학원을 졸업하고, 프랑스 니스대학교에서 수학했다. 현재는 번역가로 활동 중이다. 주요 번역서로는 클로드 프레데릭 바스티아 의《국가는 거대한 허구다》, 가브리엘 타르드의《모방의 법칙》,《여론과 군중》, 표트르 크로포트킨의《빵의 쟁취》, 막스 베버의《관료제》,《사회학의 기초개념》,《직업으로서 의 학문》,《직업으로서의 정치》,《유교와 도교》, 베르너 좀바르트의《전쟁과 자본주의》, 《사치와 자본주의》, 칼 뢰비트의《베버와 마르크스》, 데이비드 리스먼의《고독한 군 중》, 세르주 모스코비치의《군중의 시대》, 그랜트 매크래켄의《문화와 소비》, 하비 콕 스의《세속도시》등이 있다.

1판 1쇄 인쇄 2020년 11월 13일
1판 1쇄 발행 2020년 11월 20일

지은이 막스 베버 | **옮긴이** 이상률
펴낸곳 (주)문예출판사 | **펴낸이** 전준배
출판등록 1966. 12. 2. 제 1-134호
주소 03992 서울시 마포구 월드컵북로6길 30
전화 02-393-5681 | **팩스** 02-393-5685
홈페이지 www.moonye.com | **블로그** blog.naver.com/imoonye
페이스북 www.facebook.com/moonyepublishing | **이메일** info@moonye.com

ISBN 978-89-310-2133-2 03300

• 잘못 만든 책은 구입하신 서점에서 바꿔드립니다.

☆문예출판사® 상표등록 40-0833187호, 제 41-0200044호